Spiralschneider Low Carb

Low Carb kochen mit dem Spiralschneider.
Die besten Low Carb Rezepte
für Ernährungsbewusste Menschen.
Gemüsenudeln, Salate, Asiatisch, Suppen, etc.
Mit vielen Tipps und Tricks für den Einstieg.

Low Carb Pros

Inhaltsverzeichnis

Über den Inhalt

Gesunde Ernährung, schmackhafte Rezepte und kurze Garzeiten sind der Erfolg des Ratgebers. Wer bisher auf Gemüse verzichtet hat, weil ihm zum einen das Putzen und Kleinschneiden von Gemüse zu aufwendig war, der kann sich jetzt wirklich freuen. Denn die Lösung ist ein patentes Küchengerät mit überwältigender Wirkung. Nudeln aus Mehl haben ausgedient. Mit dem Gerät lassen sich farbige Spaghetti, Streifen und Spiralen produzieren. Das Gemüse schmeckt wunderbar frisch und hat die Konsistenz echter Spaghetti. In Kombination mit Soßen und Beilagen begeistern die Rezepte die gesamte Familie. Der Ratgeber enthält tolle Rezepte und Ideen, sodass täglich neue Variationen gekocht werden können.

Der Vorteil der Gemüsenudeln sind die kurze Vorbereitungszeit sowie die noch kürzere Garzeit. Die gesamte Familie kann schlemmen und wer möchte, der kann auch abnehmen. Zudem entsteht überhaupt kein Hungergefühl.

Der Spiralschneider eignet sich für viele Gemüsesorten

Der Ratgeber lädt dazu ein, selbst kreativ zu sein. Die Rezepte enthalten Tipps und Ideen, die sich auch prima abwandeln lassen. Jeder kann sich die Rezepte an seine individuellen Gewohnheiten oder Lieblingsgerichte anpassen. Das ist praktisch und führt zu innerer Zufriedenheit, weil nichts so gekocht werden muss, wie es im Rezept steht. Im Gegenteil, die Rezepte sind eine Anregung, wie einfach gesunde Ernährung sein kann. Vielleicht ist die Verwendung des Spiralschneiders der Durchbruch, um mehr Gemüse zu essen.

Das hat natürlich auch gesundheitliche Vorteile. Themen wie Cholesterinwerte und Übergewicht werden bald nicht mehr im Mittelpunkt stehen. Bei der Rezeptvielfalt erübrigt sich die Frage, was am nächsten Tag gekocht werden soll. Häufig verwendete Gemüsenudeln sind aus Möhren, Zucchini, Gurken, Kürbis, Kohlrabis und Rote Bete. Auch die Spiralschneider sind sehr verschieden. So gibt es Konstruktionen, die unterschiedliche Stärken schneiden, sodass Spaghetti, Spiralen und Streifen entstehen.

Sich gesund ernähren mit Low Carb

Eine andere Art der Ernährung heißt Low Carb. Hauptsächlich beabsichtigen die Personen, die sich nach dieser Methode ernähren, ihr Gewicht zu reduzieren. Dabei sollen die Kilos schnell verloren gehen und auch nicht mehr wiederkommen. Das Besondere an Low Carb ist, dass die Menschen entweder komplett oder zum Teil Kohlenhydrate meiden. Da einerseits auf bestimmte Lebensmittel verzichtet wird, werden andererseits die notwendigen Nährstoffe durch andere Nahrungsmittel zugeführt. Wer gar keine Kohlenhydrate zu sich nimmt, der ernährt sich No Carb. Low Carb ist keine völlig neue Ernährungsform. In ähnlichen Ansätzen und unterschiedlichen Abwandlungen, nur jeweils mit anderen Namen, gab es die Low-Carb-Methode bereits schon früher.

Low Carb – so reagiert der Körper

Kohlenhydratreiche Nahrungsmittel werden bei Low Carb durch fett- und eiweißreiche Lebensmittel ersetzt. Die Gerichte enthalten Fisch, Fleisch, Milchprodukte und Gemüse. Jedoch sind Kartoffeln, Reis, Brot und Nudeln nicht auf dem Speiseplan vorgesehen. Die Methode geht davon aus, dass sich durch das Vermeiden der Kohlenhydrate der Stoffwechsel im positiven Sinn verändert. Denn wenn Kohlenhydrate fehlen, dann geht es dem Körper an die eigenen Reserven, um zu Energie zu kommen. In der Folge verliert der Mensch automatisch an Gewicht.

Damit der Blutzuckerstoffwechsel nicht beeinträchtigt wird, werden Kohlenhydrate und Eiweiß getrennt gegessen. Bei einigen Methoden vermeiden die Personen abends die Einnahme von Kohlenhydraten. Zudem sind Vollkornprodukte, Obst und Hülsenfrüchte erlaubt. Da eiweißreiche Nahrung satt macht, ist die Ernährung nach der Low Carb Methode sehr erfolgreich.

Die Ernährungsform beeinflusst demnach das Gewicht und den Stoffwechsel positiv. Auch der gesundheitliche Nutzen ist belegt, denn die Betroffenen hatten nach der Umstellung der Ernährung gute Entzündungswerte. Verbesserungen machten sich bei Personen mit Fettstoffwechselstörungen oder hohen Cholesterinwerten bemerkbar.

Das Abnehmen mit Low Carb funktioniert ideal, denn der Körper verbraucht zuerst die Reserven. Das haben auch unterschiedliche Tests bewiesen.

Tipps

Personen, die kaum Kohlenhydrate essen, ist anzuraten, hochwertige Kohlenhydrate zu verwenden. Dazu gehört Vollkorn, aber wenig Zucker. Zudem benötigt der Körper Gemüse und Hülsenfrüchte, weil darin wichtige Nährstoffe enthalten sind. Auch sind pflanzliche Fette den tierischen Fetten vorzuziehen. Genauso ist es mit dem Eiweiß. Hier ist überwiegend pflanzliches Eiweiß zu wählen. Es gibt sogar besondere Lebensmittel, wie Eiweißbrot. Es wird hauptsächlich für Menschen produziert, die sich nach der Low-Carb-Methode ernähren. So können diese Personen auch Brot essen. Häufig wird unterschätzt, wie viel Zucker in Getränken enthalten ist. Daher ist Saft immer zu verdünnen.

Mit frischem Gemüse kochen

Fertiggerichte sind schnell gekauft und sogar noch schneller zubereitet. Das ist natürlich sehr bequem. Allerdings erfüllt das Gericht lediglich den Zweck, den Hunger zu stillen. Oft weiß der Käufer noch nicht einmal genau, welche Zutaten in der Speise enthalten sind. Das hübsche Foto auf der Packung erklärt eigentlich alles auf einen Blick, nämlich, was der Käufer wissen möchte. Jedoch sind in diesen Gerichten Stoffe enthalten, die es in frisch zubereiteten Gerichten nicht gibt. Dazu gehören beispielsweise Geschmacksverstärker und Konservierungsstoffe, aber auch viel zu viel Zucker und Salz. Wer sich täglich von Fertiggerichten ernährt, der nimmt auf jeden Fall zu viel von diesen Stoffen zu sich. Auf Dauer kann eine derartige Ernährung der Gesundheit schaden. Diese Ernährung kann zu Übergewicht führen und Herz und Kreislaufbeschwerden.

Auch wenn auf der Packung der Fertiggerichte die Zusammensetzung der Speisen steht, ist die Schrift doch sehr klein und nur schwer zu lesen. Die Begriffe sind nicht immer verständlich und schließlich gibt es für Zucker mehrere Bezeichnungen. Nicht jeder Kunde kennt sich mit dieser Thematik aus. So nimmt sich der Käufer ein Produkt aus dem Regal, ohne sich genau darüber zu informieren, was er da eigentlich kauft.

Das Essen selbst zubereiten

Eine Ausnahme besteht bei tiefgekühlten Kräutern oder Gemüse, die nicht weiterverarbeitet wurden. Das Tiefkühlgemüse enthält immer noch einen Teil der ursprünglichen Inhaltsstoffe. Doch das ist die Ausnahme unter den Fertigprodukten. So spricht doch viel dafür, sein Essen selbst zuzubereiten – aus frischen Lebensmitteln. Da ist dann auch das im Essen, was selbst eingekauft wurde. Des Weiteren kann die Zusammensetzung selbst bestimmt werden. Wer den Geruch von Knoblauch nicht mag, der kocht ohne Knoblauch. Wem schon einmal eine eigene Kreation gut gelungen ist, der wird mit Freude weiter mit Lebensmitteln experimentieren.

Nicht immer dreht sich alles um den Geschmack. Da die Anzahl der Allergiker zunimmt, ist das Kochen in diesem Fall auch eine lebenswichtige Vorsichtsmaßnahme.

Alles, auf das der Mensch allergisch reagiert, wird nicht verwendet. Allergiker achten zudem auf den Umgang mit Küchenutensilien, denn auch Spuren von anderen Produkten können zu allergischen Reaktionen führen. Es gibt Menschen, die nehmen vorbeugend immer ihre eigenen Utensilien mit in den Urlaub oder zu Freunden, um ihr eigenes Essen zu kochen. Wer sich also nicht darauf verlassen möchte, was auf der Packung der Nahrungsmittel steht, der kocht und backt selber.

Zeit und Geld sparen

Ein häufiges Argument, warum einige Personen Fertiggerichte bevorzugen, ist oft der günstige Preis. Eine Schale Lasagne kostet keine zwei Euro. Das stimmt, aber mit einer Planung, was demnächst gekocht werden soll, lässt sich vorausschauend einkaufen. Denn Pesto wird immer in größeren Mengen zubereitet. Davon kann die Familie länger profitieren. Frische Kräuter lassen sich in einzelnen Portionen einfrieren und auch aus Resten können spannende Gerichte entstehen. Durch die Eigeninitiative lernen Kinder und Erwachsene Lebensmitteln kennen. Sie wissen, wie scharf Ingwer sein kann, und merken bald selbst, dass nicht alles salzig sein muss, damit es schmeckt. Mit der Zeit lernen die Hobbyköche automatisch den Umgang mit Lebensmitteln und erkennen bald, welche miteinander harmonieren.

Die Low-Carb-Methode ist der beste Beweis, warum es sich lohnt, für sich selbst zu kochen. Mit den zur Verfügung stehenden Küchengeräten gelingt die Zubereitung von Gemüse sogar noch viel schneller. Denn der Spiralschneider arbeitet präzise und schnell. Wer also in so ein Gerät investiert, der spart am Ende Zeit und Geld. Doch zuvor empfiehlt sich ein Vergleich, welches Gerät sich für den Haushalt eignet. Es gibt die unterschiedlichsten Ausführungen, und nicht selten arbeiten die Hobbyköche mit zwei verschiedenen Geräten.

Wer sich jetzt noch mit einem Vorrat an Lebensmitteln eindeckt, der hat bereits die ersten Schritte zum Kochen unternommen. Denn nun müssen nur noch die ganz frischen Nahrungsmittel eingekauft werden. Zu Beginn ist das Kochen nach dem Low-Carb-Prinzip noch ungewohnt. Doch das Kochen macht Spaß, auch wenn anfangs nicht immer alles so aussieht, wie auf den Fotos. Egal, ob allein oder mit Kindern und den Freunden. Im Laufe der Zeit funktionieren die einzelnen Handgriffe ganz automatisch. Das Kochen ist einfach und ermuntert dazu, immer neue Rezepte auszuprobieren.

Kinder helfen mit beim Kochen

Auch Kinder helfen von sich aus gern in der Küche mit. Kinder sollten auch unterstützt werden, wenn sie beim Kochen helfen wollen. Es gibt immer leichte Arbeiten, die Kinder ausführen können. Besonders, wenn die Gerichte einfach und schnell zubereitet sind. Gerade das Zubereiten von farbigen Nahrungsmitteln ermuntert die Kleinen, in der Küche zu helfen. Auf die Art werden die Kinder an gesunde Lebensmittel herangeführt. Sie können Obst und Gemüse probieren und selbst herausfinden, was ihnen schmeckt. Kinder lernen gleichzeitig den verantwortungsvollen Umgang mit Lebensmitteln.

So lassen sich Fragen klären, ob die Schale des Apfels gegessen werden darf oder die Kerne der Papaya. Woran lässt sich erkennen, ob Gemüse frisch ist? Darf die Zucchini roh gegessen werden? Warum tränen beim Schneiden der Zwiebel die Augen? Warum ist Gemüse gesund? Viele Kinder kennen gar kein frisches Obst oder Gemüse.

Aus diesem Grund ist das gemeinsame Zubereiten der Lebensmittel ein Thema für die gesamte Familie. Außerdem verbringt die Familie Zeit miteinander. Wenn dann noch in Ruhe zusammen am Tisch gegessen wird, kann das Kochen zu einem Familienritual werden.

Wer einen eigenen Garten hat und sein eigenes Gemüse anbaut, der ist sehr im Vorteil. Auch ein eigenes Kräutergärtchen mit Küchen- und Heilkräutern ermuntert zum Kochen frischer Gerichte. Dann lohnt sich auch das Lagern von Obst und Gemüse. Zwiebeln und Äpfel sind gut lagerbar. Auch wenn heutzutage alles ganzjährig im Geschäft gekauft werden kann, sind die regionalen Lebensmittel der importierten Ware vorzuziehen. Ein Gang über den Markt und der Einkauf der Nahrungsmittel auf dem Markt sollten mit auf der Planung stehen. Auch hier ist wieder die Familie gefragt. So kann auch jedes Familienmitglied tragen helfen. Wenn sich die Einkäufe auf mehrere Personen verteilen, bleibt nicht alles an einer bestimmten Person hängen. Immer weniger Menschen nehmen sich die Zeit für den Einkauf von Lebensmitteln. Durch Low Carb kochen mit dem Spiralschneider kann sich etwas verändern.

Über die Rezepte

Die Rezepte sind jeweils für vier Personen berechnet. Allerdings kann die Menge der Zutaten variieren, falls die Gemüsesorten nicht in Gramm, sondern als Stückzahl angegeben sind. Wenn in den Rezepten Öl verwendet wird, dann handelt es sich hauptsächlich um Olivenöl, andere Sorten werden explizit erwähnt. Dabei kann es sich beispielsweise um Sesamöl handeln. In den Rezepten werden häufig frische Kräuter verwendet. Sie werden immer erst zuletzt zu den Gerichten gegeben, damit der Geschmack erhalten bleibt und die Nährstoffe. Alternativ werden die Kräuter über die Gerichte gestreut. Zudem sind sie prima austauschbar. Falls die in der Zutatenliste verwendeten Kräuter frisch nicht zur Hand sind, lassen sie sich auch getrocknet benutzen oder tiefgefroren.

Nachdem der Spiralschneider das Gemüse in die unterschiedlichen Nudelformen verwandelt hat, bleibt immer ein einzelnes Stück übrig. Bitte nicht einfach wegwerfen. Der Rest lässt sich noch prima verwenden. Er reichert Suppen und Pürees an. Wer frische Chilischoten verarbeitet, sollte sich Handschuhe anziehen. Denn eine unbedachte Handbewegung in das Gesicht kann schnell Schmerzen verursachen, weil die Schärfe der Schote brennt. Im Gegensatz dazu brennen Rote Bete zwar nicht, aber der Saft der Rübe verfärbt die Hände und den Arbeitsbereich. Falls in einem Rezept Knoblauch verwendet wird, dann kann dieser durch Zwiebeln ersetzt werden, da Knoblauch doch recht geschmacksintensiv ist.

Zudem können die Gemüsespaghetti im Kochtopf entweder in Wasser gegart werden oder in Brühe. Das Gemüse also nur für wenige Minuten in das kochende Wasser legen, herausnehmen und mit den anderen Zutaten kombinieren. Alternativ können die Nudeln gleich mit in die Soße gegeben werden, auf die Art wird das Gemüse auch schnell weich. Die Nudeln aus Gemüse können also nach Belieben zubereitet werden: In der Pfanne werden die Streifen direkt mit Fleisch und Gewürzen gar. Nach asiatischem Vorbild eignet sich der Wok ideal zum Garen von Gemüse. Gemüsespaghetti schmecken auch roh im Salat. Gewürze, Kräuter und Soßen verfeinern das Gemüse.

Nudeln aus Gemüse

Zucchinispaghetti passen prima zu Soßen und Pesto. Sie garen bereits innerhalb von fünf Minuten. Die Spaghetti können entweder in Brühe gedünstet werden oder auch gleich in der Soße garen. Sie können wie ganz normale Nudeln in einem Topf mit Wasser gekocht werden.

Möhrenspaghetti lassen sich wie Zucchini zubereiten, nur die Garzeit dauert länger.

Für **Gurkenspaghetti** eignen sich alle Gurkensorten. Auch hier liegt der Unterschied in der Garzeit.

Bei den **Kürbisspaghetti** dauert die Vorbereitung zwar länger, aber wenn das Fruchtfleisch mit dem Spiralschneider verarbeitet wird, dann geht der Rest sehr schnell.

Kohlrabispaghetti passen prima zu Rohkost, aber sie schmecken auch als Gemüse.

Rote-Bete-Spaghetti haben den Nachteil, dass sie während der Zubereitung auch Saft verlieren, der die Hände verfärbt. Das lässt sich durch das Tragen von Handschuhen verhindern.

Nudeln aus Obst

Apfelspaghetti

Die Zutaten für die Apfelspaghetti: 6 Äpfel, 4 TL Walnussöl, Zimt.

Zutaten für die Soße: 250 g Erdbeeren, 50 g Agavendicksaft.

Die Zubereitung der Soße: Das Obst waschen, säubern, mixen.

Zubereitung Spaghetti: Äpfel zu Spaghetti schneiden und würzen.

Äpfel schmecken sowohl süß als auch sauer. Deshalb lassen sie sich so vielseitig zum Kochen und Backen verwenden. Zum Frühstück im Müsli, mittags vegetarisch und abends in Kombination mit Fisch. Äpfel sind gekühlt gut lagerbar, sodass es sich lohnt, einen Vorrat anzulegen. Dann lassen sich pikante Salate, würzige Soßen, Smoothies und süße Hauptspeisen zubereiten.

Buntes Gemüse

Die Zutaten für das bunte Gemüse: 12 Möhren, 200 g Spinat, 6 Frühlingszwiebeln, 6 EL Sojasoße, Salz, Pfeffer, 2 EL Sesamöl, 4 EL Öl.

Die Zubereitung: Möhren waschen, schälen und in Spaghetti schneiden. Frühlingszwiebeln waschen, putzen und klein schneiden. Spinat waschen und zerteilen. Spaghetti vier Minuten in Öl dünsten. Frühlingszwiebeln 4 Minuten dünsten. Spinat nur kurz dünsten. Alles mit Sojasoße Salz und Pfeffer abschmecken.

Burger ohne Brot

Die Zutaten: verschiedene Sorten Paprika, Zucchini, Aubergine, 1 kg Gehacktes, 8 halbe Halloumi, Blattsalat, Pesto, 150 ml Öl, Salz, Pfeffer.

Die Zubereitung: Das Gemüse waschen und in Streifen schneiden. In Öl dünsten. Käse in Öl bräunen. Gehacktes würzen, handtellergroße Kreise formen und in Öl braten. Die Zutaten nach Belieben zu Burgern schichten.

Gemüsespaghettiomelett mit Schinken

Die Zutaten: 4 Möhren, 4 Zucchini, 4 Eier, 100 g Frischkäse, 1 TL Öl, Petersilie, 100 g Schinkenwürfel, gekocht, 4 Scheiben Raclettekäse, Salz.

Die Zubereitung: Eischnee schlagen und unter Eigelb-Frischkäsemischung geben. Ein Viertel des Teiges in ca. 15 Minuten garen. Erst zuletzt den Belag auf dem Omelett verteilen. Möhren und Zucchini waschen und in Spaghetti schneiden. Vier Minuten in Brühe garen. Anschließend abgießen.

Ein Omelett ist leicht und luftig. Damit das Omelett auch so wird, empfiehlt es sich, frische Eier zu verwenden. Die Zutaten werden nur grob verrührt, gerade durch kleine Stückchen im Teig wird das Omelett luftig. Das Omelett wird innen trocken, wenn es zu lange erhitzt wird.

Kohlrabispaghetti

Die Zutaten: 4 Kohlrabis, 1 EL Öl, 2 Zwiebeln, 2 Knoblauchzehen, 4 TL Tomatenmark, 500 g Cocktailtomaten, gehackt, Basilikum zerkleinert, Salz, Pfeffer.

Die Zubereitung: Kohlrabi schälen, in Spaghetti schneiden, vier Minuten garen.

Zubereitung Soße: Zwiebel, Knoblauch schälen, zerkleinern, in Öl bräunen, die restlichen Zutaten einrühren.

Kohlrabis mit Schinken und frischer Petersilie

Die Zutaten: 2 Kohlrabis, 20 g Butter, 2 Eigelbe, Milch, 200 g Käse, 200 g Schinken, Zitrone, Salz, Pfeffer.

Die Zubereitung: Kohlrabis in Nudeln schneiden. Schinkenwürfel in Butter bräunen. Eier mit Salz, Pfeffer und Milch verrühren. Käse einstreuen und in der Milch auflösen. Erst Nudeln für wenige Minuten zu dem Schinken geben, dann die Soße.

Kohlrabispaghetti mit Walnüssen

Die Zutaten: 2 Kohlrabis, 2 Äpfel, 2 Zwiebeln, 250 g Schafskäse, 50 g Walnüsse, 5 EL Öl, 1 TL Senf, Zitronensaft, Salz, Pfeffer.

Die Zubereitung: Kohlrabis und Äpfel schälen, in Spaghetti schneiden und vier Minuten in Wasser garen. Gehackte Zwiebel in Öl dünsten, zerkleinerten Käse und Walnüsse dazugeben und würzen.

Kohlrabispaghetti mit Schafskäse und Cocktailtomaten

Die Zutaten: 600 g Kohlrabis, 1 Salatgurke, 4 Frühlingszwiebeln, 1 Packung Cocktailtomaten, 2 Becher Joghurt, 1 Packung Schafskäse, Tomatenmark, Zwiebeln, Salz, Pfeffer.

Die Zubereitung: Kohlrabis und Gurke schälen, waschen und in Spaghetti schneiden. Zwiebeln putzen und klein schneiden. Tomaten waschen und würfeln. Joghurt mit Tomatenmark verrühren und würzen. Die Nudeln und die restlichen Zutaten dazugeben. Käse grob zerteilen und in den Salat geben.

Kürbisnudeln mit Kräutern

Die Zutaten: jeweils 50 g Pinienkerne, Mandelblätter, 2 Bund Petersilie, 4 Salbeiblätter, 1 kg Butternutkürbis, 2 Becher Sahne, 1 Packung Blauschimmelkäse, ein halber Liter Milch, Salz, Pfeffer.

Die Zubereitung: Die Kerne in der Pfanne rösten. Frische Kräuter waschen und zerkleinern. Kürbis schälen und in rechteckige Stücke schneiden, um dann die Spiralnudeln herzustellen. Die Nudeln kurz im Wasser kochen und das Wasser abgießen. Sahne mit Milch erhitzen, Käse einstreuen. Nudeln in die Soße geben und würzen.

Kürbisspaghetti mit Lachs

Die Zutaten für die Kürbisspaghetti mit Lachs: 1 - 2 Butternutkürbisse, 4 Stück Lachs, 4 EL Öl, 1 Knoblauchzehe, 2 TL Sojasoße, 1 EL Sesamöl, 4 EL Honig, Ingwerwurzel, Salz, Pfeffer.

Zubereitung Sud: 1 EL Sojasoße, 4 EL Sesamöl, Salz, Pfeffer.

Die Zubereitung: Fisch im Sud durchziehen lassen. Ingwer und Knoblauch schälen. Kürbis schälen und mit dem Gerät in Spaghetti schneiden. Erst Ingwer und Knoblauch in Öl bräunen, dann Lachs dazugeben, Honig, Sojasoße, Sesamöl und zuletzt die Nudeln.

Der Kürbis hat im Herbst Saison. Dann werden in die Schale Gesichter schnitzt und überall leuchten die Kürbisse im Garten. Neben dem Fruchtfleisch werden auch die Kürbiskerne und die Blüte verarbeitet. Nur wenn der Kürbis in Ordnung ist und der Stiel noch vorhanden ist, ist er lange haltbar. Die Besonderheit des Hokkaido ist, dass die Schale essbar ist. Kürbissuppe, Kürbiskernbrot und Kürbiskernöl haben eine lange Tradition. Das Öl hat einen eigenen intensiven Geschmack und soll nicht erhitzt werden.

Möhrenspaghetti

Die Zutaten: 6 Möhren, 1 Zwiebel, 1 EL Öl, 200 g Erbsen, 100 ml Brühe, Salz, Pfeffer, Petersilie.

Die Zubereitung: Möhren säubern und in Spaghetti schneiden. Zwiebel schälen und zerkleinern. Zwiebel im Öl dünsten, Erbsen und Brühe zufügen. Nach drei Minuten die Möhrenspaghetti hinzufügen. Etwa vier Minuten oder ein wenig länger garen. Zum Schluss noch würzen. Die gehackte Petersilie darüber streuen.

Möhrenspaghetti mit Hähnchen

Die Zutaten: 4 Möhren, 4 Tomaten, 400 g Hähnchenbrustfilet, 2 EL Öl, 100 ml Brühe, 4 EL Tomatenmark, 1 Becher Frischkäse, Salz, Pfeffer.

Die Zubereitung: Das Fleisch gut waschen, abtupfen und in Würfel schneiden. In dem Öl bräunen. Möhren waschen, schälen und in Spaghetti schneiden. Die Brühe zu dem Fleisch gießen, Spaghetti und Tomatenwürfel sowie das Mark dazugeben. Alles fast vier Minuten garen, am Ende würzen und den Käse einrühren.

Rote-Bete-Auflauf

Die Zutaten: 4 Rüben, 2 Zwiebeln, 1 Knoblauchzehe, 4 EL Cashewkerne, 2 EL Agavensirup, 4 EL Öl, Salz, Pfeffer.

Die Zubereitung: Rote Bete schälen und in Spaghetti schneiden. Zwiebeln und Knoblauch abziehen und klein würfeln, unter die Spaghetti rühren. Etwas Öl darüber geben. Für fünf Minuten bei mäßiger Temperatur garen. Dann die Kerne und Öl darüber geben und noch einmal für fünf Minuten erhitzen.

Das ist die Grundversion des Auflaufs. Er lässt sich variieren, indem zusätzlich frische Kräuter verwendet werden. Eine andere Variante ist die Zugabe von Käse oder Quark. Die Einstellung der Temperatur hängt stark von dem Gerät ab. Ein Gerät, das mit Heißluft funktioniert, kann auf eine niedrigere Temperatur eingestellt werden, als ein Elektroherd mit Ober- und Unterhitze. Für den Auflauf ist die Einstellung zwischen 160 und 180 Grad zu empfehlen. Die Zeit, die der Auflauf benötigt, hängt davon ab, wie weich das Gemüse sein soll. Außerdem benötigt von Natur aus zartes Gemüse weniger Zeit zum garen.

Ein Tipp: Frische Rüben aus dem Garten dauern eine Zeit, bis sie weich sind. Schneller funktioniert das Gericht mit vorgekochtem Gemüse aus der Gemüseabteilung. Zu Spaghetti aus Roter Bete passt auch ein Pesto mit Pistazien. Es ist schnell zubereitet und schmeckt auch zu anderen Gemüsesorten. (Pistazienkerne fein zerkleinert, einzelne Basilikumblätter, Obstessig, Olivenöl und Salz mit dem Mixer aufschlagen.)

Süßkartoffelspaghetti mit Knoblauch

Die Zutaten: 3 Süßkartoffeln, 2 Zwiebeln, 2 Knoblauchzehen, 5 EL Öl, 1 Bund Petersilie, Salz, Pfeffer.

Die Zubereitung: Erst die Süßkartoffeln schälen und anschließend Spaghetti herstellen. Süßkartoffelspaghetti fünf Minuten in Wasser garen.

Die Zubereitung der Soße: Knoblauch und Zwiebeln schälen und würfeln, dann in Öl dünsten. Zuletzt die Süßkartoffelspaghetti darin wenden und würzen.

Süßkartoffelspaghetti mit Kichererbsen und Ingwer

Die Zutaten: 1 EL Öl, 2 Zwiebeln, 2 Karotten, 3 Süßkartoffeln, 1 Dose Tomatenstücke, 500 ml Gemüsebrühe, 1 Dose Kokosmilch, 1 Dose

Kichererbsen, frische Spinatblätter, 3 Knoblauchzehen, 1 EL Ingwer gerieben, 1 Chili, Zitronensaft, 1 TL Kurkuma, 1 TL Zimt, Pfeffer, Salz.

Die Zubereitung: Zwiebeln würfeln, Knoblauch durch die Knoblauchpresse drücken. Karotten würfeln. Ingwer, Chili würfeln und die Gewürze in Öl bräunen. Tomaten würfeln. Süßkartoffeln schälen und in Spaghetti schneiden. Kichererbsen unter fließendem Wasser säubern. Spinat zerteilen, Zitronensaft und Kokosmilch einrühren und garen.

Frisch geriebener Ingwer ist sehr scharf. Das liegt an den ätherischen Ölen. Jedoch hilft es, ein Stück Ingwer mitzukochen, damit die Gerichte besser verträglich sind. Denn Ingwer hilft auch bei Übelkeit. Allerdings reicht bereits ein kleines Stück Ingwer aus, da die Wirkung enorm ist. China exportiert Ingwer in andere Länder. Die Wurzeln sind ein bis zwei Wochen haltbar. Sie passen zum Backen und eignen sich für fast alle Gerichte. Als Tee getrunken entfaltet die Wurzel ihre heilerischen Fähigkeiten. Ingwer ist als Wurzel erhältlich oder zu Pulver verarbeitet.

Süßkartoffelspaghetti mit Speck

Die Zutaten: 1 Bund Frühlingszwiebeln, 1 Knoblauchzehe, 1 Chili, 100 g Speckwürfel, 4 Süßkartoffeln, 120 g Ziegenfrischkäse, Milch, 1 EL Honig, Salz, Pfeffer, 1 Bund Basilikum.

Die Zubereitung: Frühlingszwiebeln schneiden. Knoblauch hacken. Chili und Basilikum hacken. Öl in einer Pfanne erhitzen und Frühlingszwiebeln, Knoblauch und Chili dünsten. Speck dazugeben und drei Minuten dünsten. Zutaten herausnehmen. Aus den Süßkartoffeln Spaghetti schneiden und in der Flüssigkeit der Pfanne garen. Dann die anderen Zutaten wieder zu den Spaghetti geben. Käse, Milch, Honig erwärmen und mit Kräutern und Gewürzen verfeinern.

Möhrenspaghetti mit Porree und Walnüssen

Die Zutaten: Walnüsse, 4 Möhren, 4 Porree, 200 ml Brühe, 50 ml Sahne, Salz, Pfeffer.

Die Zubereitung: Möhren und Porree waschen. Möhren in Spaghetti schneiden. Porree in Ringe schneiden. Beides erst im Fett dünsten, erst mit Brühe auffüllen und dann mit Sahne und Walnüssen.

Walnüsse enthalten ungesättigte Fettsäuren und sind deshalb kalorienreich. Sie stecken voll mit Vitamin E und B. Die Nüsse lassen sich gehackt, gemahlen oder mit Schale kaufen. Die Schale lässt sich mit einem Nussknacker öffnen. Walnüsse werden zum Kochen und Backen verwendet. Gehackte Walnüsse lassen sich über Salate streuen, sie ergänzen sich mit Äpfeln und passen gut zu Orangen. Neben Walnussöl werden auch Käsesorten und Brot angefertigt, die Walnüsse enthalten.

Spaghetti mit Avocadoquark

Die Zutaten: 4 Zucchini, 1 großer Becher Quark, Magerstufe, 4 EL Milch, 1 Avocado, Dill, 1 Zwiebel, Petersilie, Salz, Pfeffer.

Die Zubereitung für die Spaghetti: Zucchini gut waschen und mit einem Spezialschneider Spaghetti schneiden. Für vier Minuten in Wasser oder Gemüsebrühe garen.

Die Zubereitung des Avocadoquarks: Das Fruchtfleisch der Avocado mit einem Löffel herausnehmen und mit einer Gabel zerdrücken. Die Zwiebel abziehen und zerkleinern. Die Kräuter waschen und zerkleinern. Alle Zutaten miteinander verrühren.

Sowohl Zwiebeln als auch Knoblauch sind gesund. Ein Sirup aus Zwiebeln hilft beispielsweise bei Husten und Halsschmerzen. Die einen lieben Knoblauch, die anderen mögen ihn gar nicht. Jedoch wirkt sich Knoblauch positiv auf die Tätigkeit der Leber aus, er wirkt entzündungshemmend und beeinflusst Herz und Kreislauf positiv. Knoblauch wird besonders in der Mittelmeergegend zum Würzen verwendet. Für eine Suppe einfach gehackten Knoblauch und Zwiebel in Öl bräunen. Mit Brühe ablöschen und nach Geschmack mit Sahne, Frischkäse und Kräutern würzen. Wenn die Salatschüssel mit etwas Knoblauch ausgerieben wird, dann bekommt der Salat auch so einen dezenten Geschmack. Der Knoblauch darf nicht zu stark gebräunt werden, weil er dann bitter wird. Der Knoblauchgeruch wird auch durch das Trinken von Milch und die Einnahme von Pfefferminz nur kurzfristig überdeckt, aber nie komplett.

Quiche aus Kürbis

Die Zutaten für den Teig: 250 g Frischkäse, wie Ricotta, 2 Eier, 50 g geriebenen Käse, 120 g Kürbiskernmehl, 2 TL Öl, 40 g Butter, Salz.

Die Zutaten für den Belag: 150 g saure Sahne, 2 Eier, 150 g geriebenen Käse, 300 g Hokkaido, Salz, Pfeffer.

Die Zubereitung: Frischkäse, Eier, Käse, Mehl, Öl, Salz und Butter zu einem Teig verarbeiten. Für den Belag saure Sahne, Käse, Eier und Gewürze vermengen. Das Kürbisfleisch in Streifen schneiden. Eine runde Form (normale Größe) mit dem Teig auskleiden, Eiergemisch und Kürbis darauf verteilen. Die Quiche ca. 45 Minuten bei 160 Grad backen.

Überbackener Spargel mit Möhren

Die Zutaten: 1 kg Spargel, 250 g gekochten Schinken, 200 g geriebenen Käse, 8 Tomaten, 1 Becher Schmand, 1 Zwiebel, 1 Knoblauchzehe, Petersilie, Salz, Pfeffer.

Die Zubereitung: Schinken in Stifte schneiden. Spargel schälen, in Stücke schneiden, im Wasser garen. Tomaten waschen, Strunk entfernen,

Tomaten würfeln. Zwiebel abziehen und zerkleinern. Knoblauch abziehen und hacken. Alle Zutaten in ein feuerfestes Gefäß geben und erhitzen, würzen, dann mit der Käse-Schmand-Mischung bedecken. Ca. 15 Minuten überbacken.

Alternativ lässt sich der Spargel auch durch Süßkartoffeln, Kürbis oder Blumenkohl austauschen. Der Schinken kann weggelassen werden, dann ist das Gericht vegan. Möhren und Süßkartoffeln enthalten Betakarotin. Dadurch ist das Gemüse so orange. Gesundheitlich profitiert die Haut davon, wenn Menschen viel Möhren essen.

Süßkartoffelspaghetti mit Schinken und Schafskäse

Die Zutaten: 800 g Süßkartoffeln, 4 Scheiben Schinken, 1 Staudensellerie, 1 Zwiebel, 100 g Schafskäse.

Die Zutaten für die Soße: 1 Knoblauchzehe, 3 TL Senf, 50 ml Apfelessig, 5 EL Öl, Salz, Pfeffer.

Die Zubereitung der Süßkartoffeln: Süßkartoffeln schälen und in Spaghetti schneiden. In Wasser garen. Schinken auslassen, Fett abtropfen lassen. Staudensellerie waschen und würfeln. Abgezogene Zwiebel hacken. Schafskäse in kleine Würfel schneiden.

Zubereitung Soße: Knoblauch abziehen, hacken und mit restlichen Zutaten verrühren.

Zucchinispaghetti

Die Zutaten: 4 Zucchini, 2 Tomaten, 1 Zwiebel, 3 EL Öl, 100 ml Brühe, Petersilie, Salz, Pfeffer.

Die Zubereitung: Zucchini säubern und in Spaghetti schneiden. Mit Salz bestreuen. Zwiebel schälen und zerkleinern. Tomaten waschen und würfeln. Zwiebel im Öl dünsten, Tomaten und Brühe zufügen.

Nach zwei Minuten die Zucchinispaghetti hinzugeben. Etwa vier Minuten garen und zum Schluss noch würzen. Die gehackte Petersilie darüber streuen.

Zucchinispaghetti mit Oliven

Die Zutaten für Zucchinispaghetti: 4 Zucchini, 1 Dose Tomaten, 1 Zwiebel, 1 Glas Oliven, 3 EL Öl, 100 ml Brühe, Petersilie, Salz, Pfeffer.

Die Zubereitung: Zucchini säubern und in Spaghetti schneiden. Mit Salz bestreuen. Zwiebel schälen und zerkleinern. Tomaten würfeln. Zwiebel im Öl dünsten, Tomaten und Brühe zufügen. Nach zwei Minuten die Zucchinispaghetti hinzugeben. Etwa vier Minuten garen und zum Schluss die Oliven und die Petersilie unterheben, noch würzen.

Zucchinispaghetti mit Avocados und Tomaten

Die Zutaten: 4 Zucchini, 2 Avocado, 8 Tomaten, 4 EL Öl, Salz, Pfeffer Kräuter nach Geschmack.

Die Zubereitung: Die Zucchini gut mit heißem Wasser abwaschen, da auch die Schale gegessen wird. Die beiden Enden gerade abschneiden. Zucchini mit dem Schneidegerät in Spaghetti schneiden. In dieser Variante werden die Nudeln nicht mehr gekocht. Die Tomaten waschen, den grünen Ansatz entfernen, Tomaten halbieren und zu den Nudeln geben. Die Schale der Avocado entfernen und den Kern vorsichtig herausnehmen. Das Fleisch mit dem zerdrückten Knoblauch dem Öl und Gewürzen pürieren.

Um den Kern der Avocado zu lösen, gibt es eine besondere Methode. Die Avocado wird mit einem Messer seitlich eingeschnitten. Mit den Händen lassen sich die Hälften aufdrehen. Jetzt steckt der Kern nur noch in einer Hälfte. Dazu das Messer fest in den Kern stecken und herausziehen. Gleichzeitig löst sich der Kern aus dem Fruchtfleisch. Die grüne Stelle an der Tomate ist der Ansatz oder Strunk. Es empfiehlt sich, den Strunk genau wie die grünen Stellen zu entfernen. Denn das Grün enthält Solanin. Der Stoff schadet der Gesundheit und bleibt auch nach dem Kochen noch erhalten.

Zucchinispaghetti mit Basilikum und Knoblauch

Die Zutaten: 4 Zucchini, 8 Basilikumblätter, 4 Knoblauchzehen, 4 EL Öl, Salz, Pfeffer.

Die Zubereitung der Spaghetti: Die Zucchini gut mit heißem Wasser abwaschen, da die Schale verzehrt wird. Die beiden Enden gerade abschneiden, damit das Stück gleichmäßig mit dem Spiralschneider geschnitten werden kann. Die Zucchinireste aus dem Schneidegerät nicht wegwerfen, sondern für Pürees aufheben. Basilikumblätter ernten und waschen, mit Küchenpapier trocknen und anschließend klein schneiden. Knoblauchzehen schälen, sehr fein hacken und im Öl bräunen. Kräuter und Nudeln dazugeben, gut umrühren, würzen und je nach Konsistenz der Zutaten etwa vier Minuten garen.

Es empfiehlt sich, die mittelgroßen Zucchini zu kaufen, weil das große Gemüse häufig in der Mitte hohl ist oder viele große Kerne hat. Basilikum lässt sich prima selbst aussäen und ziehen. Es wächst sowohl auf der Fensterbank als auch im Garten. Auf die Art sind immer frische Kräuter zur Hand. Es eignet sich auch gut zum Einfrieren oder Trocknen, falls die Ernte zu üppig ausfällt. Aus Basilikum selbst gemachtes Pesto hält sich im Kühlschrank mindestens zwischen einer Woche und 14 Tagen.

Zucchinispaghetti mit Garnelen

Die Zutaten: 2 Zucchini, 2 Möhren, Tomaten, 1 Packung Garnelen, 1 Becher Sahne, 1 Zwiebel, 2 EL Zitronensaft, 1 EL Olivenöl, Salz, Pfeffer.

Die Zubereitung: Zucchini und Möhren mit dem Spiralschneider in Spaghetti schneiden. Zwiebel im Öl dünsten. Garnelen zu der Zwiebel geben und gut erhitzen, mit Salz und Pfeffer würzen. Erst zum Ende die kleinen Tomaten dazugeben. Alles mit Sahne ablöschen und würzen. Schließlich die Spaghetti in die Pfanne geben und ungefähr fünf Minuten garen. Die Sahne kann auch durch Weißwein ersetzt werden. Dazu etwa die gleiche Menge verwenden. Wer weder Sahne noch Wein zur Verfügung hat, der kann auch Gemüsebrühe nehmen. Wenn Kinder mitessen, dann sollte das Gericht nicht mit Wein abgelöscht werden.

Zucchinispaghetti mit Hähnchen und Champignons

Die Zutaten: 4 Zucchini, 4 Tomaten, 1 Schälchen Champignons, 2 Knoblauchzehen, 150 g Parmesan, gerieben, 600 g Hähnchenbrust, 2 EL Öl, 1 Becher Sahne, Basilikum, Salz, Pfeffer.

Die Zubereitung: Tomaten waschen und in Würfel schneiden. Champignons abbürsten, säubern und in Scheiben schneiden. Knoblauch schälen und würfeln. Fleisch gut waschen und in Stücke schneiden. Die Zutaten in Öl dünsten und mit der Flüssigkeit und dem Käse auffüllen, würzen. Zucchini gut waschen und mit einem Gemüseschneider in Spaghetti schneiden und in Wasser fünf Minuten garen.

Zu diesem Gericht passen gut frische Kräuter wie Petersilie oder Schnittlauch. Die Kräuter abwaschen, mit Küchenpapier trocknen. Dann die Blätter abziehen und klein schneiden. Zum Ende unter die Zutaten rühren und etwas über das Gericht streuen. Bei Verwendung von getrockneten Kräutern die Menge vorsichtig dosieren. Denn der Geschmack entfaltet sich erst etwas später und wird dann intensiv.

Zucchinispaghetti mit Spinat und Schafskäse

Die Zutaten: 4 Zucchini, 2 Knoblauchzehen, 4 Tomaten, 2 Frühlingszwiebeln, 500 g Spinat, frisch, 3 EL Öl, 50 g Schafskäse, grob zerteilt, Salz, Pfeffer.

Die Zubereitung: Zucchini und Spinat waschen. Zucchini mit dem Gemüseschneider in Spaghetti schneiden. Vier Minuten in Wasser garen. Spinat schneiden und kurz garen. Knoblauch abziehen und pressen. Tomaten, Zwiebeln, waschen und schneiden. Knoblauch in Öl dünsten, Spinat, Spaghetti, Tomaten, Zwiebeln und Schafskäse dazugeben und würzen.

Blattspinat ist ein Gemüse, das sich auf die Entwicklung der Muskeln auswirkt. Es enthält Eisen, Vitamine und Folsäure. Dadurch wird die Blutbildung unterstützt. Außerdem sorgt Lutein dafür, dass die Augen gesund bleiben. Spinat ist vielseitig verwendbar. Zum Beispiel eignet sich das Gemüse ideal für Smoothies. Zudem harmoniert Spinat gut mit Knoblauch. Einen Nachteil hat das Gemüse allerdings. Falls es kein Biospinat ist, dann kann das Gemüse Nitrat speichern. Als Nitrit kann es sich in großen Mengen negativ auf die Gesundheit des Menschen auswirken. Zubereiteten Spinat immer gleich verzehren und nicht noch mehrere Tage aufheben.

Zucchini-Möhrenspaghetti mit Hähnchen und Tomaten

Die Zutaten: 500 g Hähnchenbrust, 2 Karotten, 4 Zucchini, 4 Tomaten, 2 EL Öl, eine Prise Curry, 100 ml Brühe, 3 EL Tomatenmark, 150 g Frischkäse, Salz, Pfeffer.

Die Zubereitung: Möhren und Zucchini waschen und in Spaghetti schneiden, erst später in der Soße mit den Tomatenstückchen garen. Fleisch waschen und trocknen, in Würfel schneiden und im Öl bräunen. Restliche Zutaten dazugeben und würzen.

Zucchini-Möhrenspaghetti mit Knoblauch

Die Zutaten: 4 Zucchini, 4 Möhren, 1 Zwiebel, 1 Knoblauch, Öl, Salz, Pfeffer, 1 Becher Schlagsahne, Saft einer Zitrone, Kräuter.

Die Zubereitung: Zucchini und Möhren für die Verarbeitung vorbereiten. Anschließend aus dem Gemüse Spaghetti schneiden und separat garen. Dazu entweder einen Topf mit kochendem Wasser oder Gemüsebrühe verwenden. Alternativ das Gemüse kurz in einer Pfanne mit Öl wenden, bis es gar ist. Zwiebeln und Knoblauch in kleine Stücke hacken und im Öl bräunen. Die Flüssigkeiten, Kräuter und Gewürze dazugeben.

Zitronen sind besonders vitaminreich. Gekühlt lassen sie sich einige Monate lagern. Der Saft der Zitrone eignet sich für Salatsoßen, Fisch, Gemüse und Backwaren. Häufig reichen nur einige Spritzer aus, und die Zitrone entfaltet ihr frisches Aroma. Daher ist der Saft der Zitrone sparsam zu verwenden. Auch die Schale wird beispielsweise zum Backen benutzt. Die erfrischende Wirkung der Zitrone kommt im Mineralwasser und in Tees zur Geltung. Bei grippalen Infekten hat sich die heiße Zitrone bewährt.

Salate

Zu einer Low-Carb-Ernährung gehören Salate ohne viel Kohlenhydrate. Eigentlich kann dazu das Gemüse verwendet werden, was gerade jahreszeitlich passt. Wird zum Beispiel im Garten gerade der Grünkohl geerntet, dann lässt sich daraus ein kräftiger Salat zubereiten. Blattsalate und Obst sind immer ein interessantes Duo – Gemüse und Schafskäse passen sowieso perfekt zusammen. Wer gerne Fleisch isst, der kann Hähnchenfleisch mit Blattsalat und Gemüse kombinieren. Auch Garnelen oder echte Nordseekrabben sind bei Low-Carb-Gerichten erlaubt. Die Gemüsesorten, die sich gut zu Gemüsenudeln verarbeiten lassen, sind die ideale Zutat für Salate. Zum Beispiel sind das Zucchini, Rote Bete, Möhren, Kürbis, Weißkraut und Kohlrabis.

Egal, ob Kraut-, Eier- oder Thunfischsalat, alle typischen Salate können auf die Low-Carb-Ernährung abgestimmt werden. Für den Eiersalat wird eine selbst gemachte Mayonnaise hergestellt. Dazu sind nur Eigelb, Senf, Zitronensaft und Öl notwendig. Die Mayonnaise, Eier und Schnittlauch sind die einzigen Zutaten, mehr ist für den schmackhaften Salat nicht notwendig.

Salate sind sowohl auf Festen als auch im Alltag wohlschmeckende Speisen. Egal, ob echter Klassiker oder selbst kreiert, ein Salat ist immer eine gute Idee. Dabei eignet sich gerade im Sommer ein knackiger Salat mit einer leichten **Vinaigrette**.

Vinaigrette

Zutaten: 8 EL Öl, 3 EL Obstessig, 3 TL Honig, 3 TL Senf, Salz, Pfeffer.

Zubereitung: Essig, Honig und Senf vermischen und würzen. Das Öl nach und nach dazugeben.

Auch eine selbst gemachte **Mayonnaise** verfeinert Salate.

Mayonnaise

Zutaten: 8 Eigelbe, 8 EL Zitronensaft, 4 TL Senf, 500 ml Öl, Salz, Pfeffer.

Zubereitung: Eigelb, Zitronensaft und Senf in ein Gefäß füllen. Öl nach und nach einrühren und mixen. Die Mayonnaise würzen.

Pesto mit Pinienkernen

Zutaten: 1 Knoblauchzehe, 1 TL Salz, 100 g Basilikum, 50 g Parmesan, 50 g Pinienkerne, 100 ml Öl.

Zubereitung: Den Knoblauch pressen. Basilikum vorbereiten. Käse reiben. Aus Basilikum, Pinienkernen, Käse und Öl ein Püree zubereiten und mit Knoblauch vermischen. In ein Glas geben, Öl darüber träufeln und Behälter schließen.

Salate können auch eine fruchtige Note haben

Papayas

Gerade Papayas heben sich durch eine angenehme Süße hervor. Sie sind ganzjährig erhältlich und wie Gemüse zu verwenden. Eigentlich kann von der Papaya auch die Schale gegessen werden, jedoch ist die Schale eher zäh. Dafür lässt sich das Fruchtfleisch essen und die Kerne. Papayas passen geschmacklich zu Fisch, Feldsalat oder Schinken. Ein Smoothie aus Papaya, Banane und Orange ist schnell gemixt. Ob roh oder erhitzt, Papayas lassen sich ideal in der Küche verwenden. Die Frucht schmeckt nicht nur gut, sie ist zudem sehr gesund.

Erdbeeren

Erdbeeren sind ein gesundes Obst und zudem kalorienarm. In ihnen steckt besonders viel Vitamin C. Zur Erdbeersaison können die Früchte für Kuchen, Eis, Salate, aber auch warme Speisen verwendet werden. So passt ein Spargel-Erdbeeren-Salat wunderbar zum Grillfest. Jedoch ist das Obst sehr empfindlich. Aus diesem Grund sind Erdbeeren schnell zu verbrauchen oder sie werden zu Marmelade verarbeitet. Selbst gekochte Marmelade ist ein schönes Mitbringsel.

Ananas

In Ananas ist das entzündungshemmende Bromelain enthalten. Das macht die Frucht so wertvoll. Zudem haben einhundert Gramm Ananas kaum 50 Kalorien. Die Früchte werden importiert, sodass sie das gesamte Jahr in den Geschäften erhältlich sind. Gibt die Schale auf Druck nach, dann ist die Ananas reif. Ein weiteres Merkmal für eine gute Qualität der Ware sind die frischen Blätter. Vorsicht ist bei der Kombination von Ananas und Molkereiprodukten gegeben, denn dadurch kann es zu einem bitteren Geschmack kommen. Ansonsten passt Ananas zu anderen Obstsorten, Curry oder Kokos. Auch Fleischgerichte erhalten durch Ananas eine fruchtige Note.

Pfirsiche

Die Pfirsichernte ist von Juli bis September. Dann kommen die frischen Pfirsiche in die Geschäfte. Die Pfirsiche bekommen leicht Druckstellen, doch sonst sind sie robust. Sie eignen sich als Belag für Kuchen, zu Schinken oder für Cocktails. Bei der Verarbeitung muss jedoch der Kern herausgenommen werden.

Blattsalat mit Aprikosenvinaigrette

Zutaten Salat: 250 g Salatblätter

Zutaten Aprikosenvinaigrette: 2 EL Obstessig, 1 TL Honig, 1 TL Senf, Salz, Pfeffer, 4 EL Öl, 1 TL Aprikosenmarmelade, 1 TL Curry.

Zubereitung: Essig, Honig und Senf vermischen und würzen. Das Öl, Marmelade und Curry langsam dazugeben. Salat vorbereiten, mit Vinaigrette anrichten.

Apfel-Möhrensalat mit Speck und Schafskäse

Die Zutaten: 4 Äpfel, 4 Möhren, 100 g Schafskäse, grob zerteilt, 4 Scheiben ausgelassenen Speck, Zitronensaft, Apfelsaft, 4 EL Öl, Salz, Pfeffer.

Die Zubereitung: Die Flüssigkeiten verrühren. Äpfel und Möhren waschen, schälen und in Spaghetti schneiden. Mit dem Käse und dem Speck vermischen.

Frischer Selleriesalat

Die Zutaten: 2 Äpfel, 350 g Sellerie, 3 EL Zitronensaft, 20 g Minzblätter, 150 g Crème fraîche, 150 g Joghurt, 1 Schuss Essig, Salz, Pfeffer.

Die Zubereitung: Äpfel und Sellerie schälen, dann beide Zutaten zu Spaghetti schneiden. Alle restlichen Zutaten verrühren und über die Spaghetti geben.

Gemüsenudelsalat mit Sahnedressing

Die Zutaten: 300 g Möhren, 300 g Zucchini, 1 Paprika, 1 Zwiebel, 100 g Käse im Stück, 250 ml saure Sahne, 2 EL Öl, Parmesan, Salz, Pfeffer.

Die Zubereitung: Möhren und Zucchini waschen und in Spaghetti schneiden. Vier Minuten in Brühe garen. Anschließend abgießen. Gewürfelte Zwiebel, Paprika und gewürfelten Käse dazugeben. Salatsoße aus den Zutaten herstellen.

Gurkensalat mit Schafskäse

Die Zutaten: 2 Salatgurken, 1 Glas Oliven, 1 Packung Schafskäse, 4 EL Öl, 2 EL Zitronensaft, Salz, Pfeffer.

Die Zubereitung: Die Gurken unter heißem Wasser gut abspülen. Mit dem Spiralschneider in Spaghetti schneiden. Den Schafskäse grob zerteilen und mit den Oliven und Spaghetti vermischen. Aus den restlichen Zutaten wie dem Öl, dem Saft der Zitrone und dem Pfeffer einen Sud anrühren und über die Gurken geben. Zu einem Gurkensalat passt etwas klein geschnittener Dill. Auch mit Tomatenstückchen harmonieren Gurken, Oliven und Schafskäse ideal. Falls es ganz schnell gehen soll, dann ist eine Dose mit geschnittenen Tomatenstücken erlaubt.

Gurkenspaghetti mit fruchtiger Note

Die Zutaten: 1 Gurke, 1 Wassermelone, 150 g Schafskäse, Zitronensaft, Salz, Pfeffer.

Die Zubereitung: Gurke heiß abwaschen und mit der Schale zu Gurkenspaghetti schneiden. Wassermelone aufschneiden und das Fruchtfleisch in Stücke schneiden. Schafskäse grob zerteilen und mit den beiden anderen Zutaten vermischen und würzen.

Die Wassermelone besteht zum überwiegenden Teil aus Wasser und ist aufgrund dessen kalorienarm. Erwachsene und Kinder mögen die grüne Frucht mit dem roten Fruchtfleisch. Die Farbe wird durch das Lycopin hervorgerufen. Wassermelonen werden hauptsächlich aus Spanien importiert. Sie zeichnen sich besonders durch ihre Größe aus, lassen sich jedoch auch in kleineren Stücken kaufen. Einmal angeschnitten sollte die Frucht bald verzehrt werden. Melone eignet sich ideal für Salate und als Nachtisch. Jedoch kann sie in Scheiben geschnitten sogar gegrillt werden.

Gurkenspaghetti mit leichtem Dressing

Die Zutaten: 3 Salatgurken, 200 g Joghurt, Zitronensaft, Dill, gehackt, Salz, Pfeffer.

Die Zubereitung: Die Salatgurken mit heißem Wasser waschen und anschließend mit dem Gemüseschneider Spaghetti zubereiten. Für die Soße die restlichen Zutaten verrühren und würzen.

Gurken sind sehr kalorienarm, denn 100 Gramm haben weniger als 15 Kalorien. Wer abnehmen möchte, sollte auf das Gemüse zurückgreifen. Gurken enthalten Wasser, das sie auch abgeben, besonders, wenn zum Würzen Salz genommen wird. Sie lassen sich sowohl mit Schale als auch ohne Schale essen. Das Gemüse kann als Salat zubereitet werden. Gurken schmecken in Kombination mit Tomaten, Zwiebeln, Käse, gefüllt und überbacken. Sie lassen sich einlegen und sind die Salatgurke gibt es ganzjährig in den Geschäften zu kaufen. Sie eignen sich zu dekorativen Zwecken. Es gibt Frauen, die legen sich die Gurkenscheiben auf das Gesicht, damit sich das Hautbild verbessert.

Obstsalat

Die Zutaten: 1 Becher Hüttenkäse, 100 g Nüsse, 100 g Lychees, 1 Birne, Mandelmus.

Die Zubereitung: Das Mus und die Nüsse in den Hüttenkäse rühren. Den Hüttenkäse in eine Form füllen. Erst die Birnenspaghetti darauf verteilen und dann die Lychees.

Rote-Bete-Spaghetti mit Schafskäse und Salatsoße

Die Zutaten: 1 kg Rote Bete, 150 g Schafskäse.

Die Zutaten für die Soße: 5 EL Weißweinessig, 2 TL Senf, 3 EL Honig, 10 EL Öl, Salz, Pfeffer.

Die Zubereitung: Rote Bete schälen und zu Spaghetti schneiden. Schafskäse grob zerteilen.

Die Zubereitung der Salatsoße: Alle Zutaten miteinander verrühren.

Rote Bete hat aufgrund des Inhaltsstoffs Betain gesundheitliche Vorteile, weil die Gallenfunktion angeregt wird. Zudem wirkt Rote Bete stimmungsaufhellend.

Salat mit Fenchel und Obst

Die Zutaten: 500 g Fenchel, 1 Zwiebel, 2 Pfirsiche, 4 EL Öl, 3 EL Zitronensaft, 150 g Feta, 2 EL Walnüsse, Salz, Pfeffer.

Die Zubereitung: Fenchel für den Salat vorbereiten und in Scheiben schneiden. Zwiebel schälen und hacken. Pfirsiche waschen und den Kern entfernen, in Stücke scheiden. Käse würfeln. Walnüsse zerkleinern. Alles vermengen. Aus den restlichen Zutaten eine Soße rühren.

Süßkartoffelstreifen mit Joghurt-Senf-Dressing

Die Zutaten: 800 g Süßkartoffeln, 100 g Feta, 1 Zwiebel, 2 Frühlingszwiebeln.

Die Zutaten für das Dressing: 4 EL Öl, 3 EL Joghurt, 3 EL Balsamico, 2 TL körniger Senf, 3 TL Agavendicksaft, Salz, Pfeffer.

Zubereitung der Süßkartoffelstreifen: Süßkartoffeln schälen, in Streifen schneiden. Eine viertel Stunde in Wasser kochen. Frühlingszwiebeln waschen, in Ringe schneiden. Zwiebel schälen und hacken. Feta grob zerkleinern.

Die Zubereitung für das Joghurt-Senf-Dressing: Die Zutaten miteinander verrühren, würzen.

Zucchinispaghettisalat italienische Art

Die Zutaten: 4 Zucchini, 250 g Mozzarella, 500 g Tomaten, 2 Avocados, 5 EL Joghurt, Salz, Pfeffer.

Die Zubereitung: Zucchini mit heißem Wasser waschen und mit dem Schneidegerät in Spaghetti schneiden. Die Tomaten mit heißem Wasser waschen, teilen, den Strunk entfernen und den Käse abtropfen lassen. Das Fleisch der Avocado mit Joghurt und Gewürzen mixen.

Avocados enthalten zwar Fett, aber auch B-Vitamine. Sie lassen sich unterschiedlich verwenden und schmecken als Creme oder Soße. Der Kern wird eigentlich nicht verzehrt, sondern nur das Fruchtfleisch. Ob mit der Gabel zerdrückt oder püriert, Avocados sind die Basis für die bekannte Guacamole. Obwohl Avocados hauptsächlich in Mexiko angebaut werden, sind sie in den Geschäften das gesamte Jahr über erhältlich. Das helle Fruchtfleisch ist das Besondere. Damit die angeschnittene Frucht hell bleibt, verhindert der Saft einer Zitrone, dass sich das Fruchtfleisch dunkel verfärbt. Vorsicht ist geboten, wenn der Kern entfernt werden soll. Doch mit der richtigen Technik gelingt das Entnehmen des Kerns auf jeden Fall unfallfrei.

Zucchinispaghetti mit Rucolasalat

Die Zutaten: 4 Zucchini, 250 g Rucola, 10 Tomaten, 120 g Feta, Kerne nach Geschmack, 4 EL ÖL, Zitrone, Salz, Pfeffer.

Die Zubereitung Rucolasalat: Tomaten heiß waschen, teilen und Strunk herausschneiden. Salat waschen und in Stücke teilen. Parmesan grob reiben. Olivenöl, Zitronensaft, Salz und Pfeffer verrühren und mit dem Gemüse vermengen.

Die Zubereitung der Spaghetti: Die Zucchini gut mit heißem Wasser abwaschen, da die Schale sauber sein soll. Mit einem Schneidegerät in Spaghetti schneiden. Die Nudeln zum Garen für vier Minuten in Brühe oder kochendes Wasser geben.

Tomaten sind in den unterschiedlichsten Größen erhältlich. Die kleinen Sorten sind praktisch, weil die ganze Frucht verwendet werden kann. Da die Tomaten in vielen verschiedenen Farben angebaut werden, sorgen die Züchtungen für Farbtupfer im Salat. Damit die Tomaten lange frisch sind, muss der Stängel bis zum Verbrauch an der Frucht sein. Grüne, unreife Tomaten sind ungenießbar, weil sie das giftige Solanin enthalten. Daher muss der Strunk entfernt werden. Mit Tomaten lassen sich herzhafte Salate anrichten, Soßen und Eintöpfe kochen. Es gibt die Tomaten passiert, getrocknet und als Tomatenmark verarbeitet.

Zucchinispaghetti mit Rucola-Tomatensalat

Die Zutaten: 4 Zucchini, 2 Tomaten, 1 Zwiebel, 3 EL Öl, 100 ml Brühe, Petersilie, Salz, Pfeffer.

Die Zubereitung: Zucchini säubern und in Spaghetti schneiden. Mit Salz bestreuen. Zwiebel schälen und zerkleinern. Tomaten waschen und würfeln. Zwiebel im Öl dünsten, Tomaten und Brühe zufügen. Nach zwei Minuten die Zucchinispaghetti hinzufügen. Etwa vier Minuten garen und zum Schluss noch würzen.

Die Zutaten für Rucola-Tomatensalat: 1 kg Tomaten, 250 g Rucola, 3 EL Essig, 3 EL Öl, Salz, Pfeffer.

Die Zubereitung: Tomaten und Rucola putzen, in Stücke schneiden. Aus restlichen Zutaten das Dressing anrühren und über den Salat geben.

Zucchinispaghettisalat mit Spargel, Schinken

Die Zutaten: 4 Zucchini, 1 kg Spargel, grün, Zitronensaft, 4 Scheiben Schinken, 1 Becher Kirschtomaten, 1 Bund Petersilie, Blattsalat, 5 EL Essig, 3 Öl, Senf, Zucker, Salz, Pfeffer.

Die Zubereitung: Spargel schälen und garen. Zucchini waschen, zu Spaghetti schneiden, garen. Salatblätter waschen und trocknen.

Tomaten waschen. Petersilie zerkleinern. Essig, Senf und Öl verrühren und würzen.

Zucchinispaghettisalat mit Ei

Zutaten: 4 Eier, 250 g Schinken gekocht, 1 kg Spargel, 1 Becher saure Sahne, Zitronensaft, Petersilie, Salz, Pfeffer.

Zubereitung: Spargel schälen und garen. Eier kochen. Schinken würfeln. Aus den restlichen Zutaten eine Soße rühren.

Spargel besteht zu über 90 Prozent aus Wasser. Er ist kalorienarm und vitaminreich. Besonders ist die Spargelzeit, nur einmal im Jahr. Wer das ganze Jahr über heimischen frischen Spargel essen möchte, der kann den geschälten Spargel einfrieren. Den gefrorenen Spargel später gleich in das heiße Wasser gegeben. Frischezeichen sind geschlossene Köpfe, das gilt sowohl für den grünen Spargel als auch für den weißen Spargel. Spargel lässt sich als Salat oder Gemüse zubereiten. Typische Beilagen sind Eier, Schinken und eine helle Soße.

Soßen

Die Soßen sind immer ein Thema, auch für Personen, die sich Low Carb ernähren. Doch es gibt Kniffe, wie eine gute Soße gelingt.

Eine gängige Variante ist, die Brühe oder den Saft so lange zu erhitzen, bis sie geringer werden. Das dauert einen Moment, aber es funktioniert. Ganz langsam wird die Flüssigkeit immer fester, bis der gewünschte Zustand erreicht ist. Dabei wird zwischendurch gerührt, damit sich nichts am Boden absetzt. Die Flüssigkeit wird reduziert, damit sie die Konsistenz einer Soße annimmt.

Durch die Zugabe von Sahne oder Parmesan wird die Flüssigkeit auch fester. Die Soße wird insgesamt cremiger. Bei der Verwendung von saurer Sahne ist zu beachten, dass die Soße nicht mehr gekocht wird, weil sie sonst gerinnt. Erkennbar ist die Gerinnung an den weißen Bestandteilen, die sich sichtbar an der Oberfläche absetzen.

Um eine Soße anzudicken, kann das Mittel direkt eingerührt werden. Alternativ wird etwa eine Tasse voll Flüssigkeit abgenommen. Da wird dann beispielsweise der Parmesan eingerührt und anschließend wieder in den Topf gegeben.

Gemüse zu pürieren ist eine weitere Möglichkeit. Etwa zwei Drittel Gemüse werden in den Mixer gegeben, während ein Drittel Gemüse in der Soße verbleibt.

Tomatenmark passt ideal zu Tomaten- und Bratensoße. Es bindet nicht nur die Soße, sondern verleiht ihr zusätzlich einen kräftigen Geschmack. Zum Beispiel lassen sich Aufläufe, Eintöpfe und Suppen mit Tomatenmark verfeinern.

Eine angedickte Soße kann mit der Zeit noch fester werden, besonders, wenn sie nicht mehr so heiß ist. Aufgrund dessen sollte die Soße von vornherein nicht zu dick sein. Denn sonst muss die Soße wieder mit Brühe verdünnt werden.

Soßen ergänzen sich prima mit Fleisch und Gemüse. Wobei die Soßen sehr unterschiedlich sein können. Von leicht, würzig bis fruchtig ist jede Geschmacksrichtung möglich. So passt die **Tomatensoße** nicht nur zu Gemüsenudeln.

Tomatensoße

Zutaten: 15 kleine Zwiebeln, 3 Knoblauch, 20 EL Öl, 5 EL Tomatenmark, 3 Dosen Tomaten, je ein Bund Oregano, Petersilie, Basilikum, 5 TL Zucker, Salz, Pfeffer.

Zubereitung: Zwiebeln und Knoblauch schälen und fein hacken. 2 EL Öl in einem Topf erhitzen und die Würfel dünsten. Das Tomatenmark und Tomaten aus der Dose dazugeben und bei mäßiger Temperatur eine halbe Stunde garen. Die Kräuter säubern und vorbereiten, dann zerkleinern. Die Tomatensoße würzen.

Gemüsenudeln mit Erdnusssoße

Die Zutaten: 2 Zucchini, 2 Möhren, 2 Zwiebeln, 1 Knoblauch, 1 EL Sesamöl, 4 EL Erdnussmus, 50 ml Kokosmilch, 50 g zerkleinerte Erdnüsse, Salz, Pfeffer.

Die Zubereitung: Aus Möhren und Zucchini Spaghetti schneiden. Zwiebel und Knoblauch hacken und in Sesamöl dünsten. Kokosmilch dazugeben, nach drei Minuten die Spaghetti darin garen.

Kohlrabispaghetti mit Tomaten-Spinatsoße und Parmesan

Die Zutaten: 800 g Kohlrabi, 4 Tomaten, 1 kg Spinat, 10 TL Tomatenmark, 1 Knoblauch, Parmesan, Salz, Pfeffer.

Die Zubereitung: Knoblauch schälen, pressen in Öl bräunen. Tomaten waschen, würfeln und mit restlichen Zutaten zum Knoblauch geben.

Zubereitung Kohlrabispaghetti: Kohlrabis schälen und in Spaghetti schneiden. In der Soße garen.

Kohlrabi kann roh als Salat gegessen werden oder als Gemüse. Er enthält sehr viel Magnesium. Die Blätter zeigen an, wie frisch der Kohlrabi ist. Kohlrabis können sehr fest sein, die Teile lassen sich aber einfach entfernen. Der Kohlrabi eignet sich für Rohkostteller, würzige Eintöpfe oder Aufläufe.

Kürbisstreifen mit schmackhafter Soße

Die Zutaten: 400 g Butternut, 50 g Speck, 1 Zwiebel, 1 EL Öl, 100 ml Brühe, Salz, Pfeffer, Petersilie.

Die Zubereitung: Aus dem Kürbis rechteckige Stücke schneiden und daraus wieder Kürbisstreifen anfertigen. Zwiebel und Speck würfeln, in einer Pfanne auslassen. Dann den Kürbis und die Brühe dazugeben. Den Kürbis wenige Minuten garen. Die gehackte Petersilie darüber streuen.

Die Petersilie wird oft frisch verwendet. Schließlich ist sie das gesamte Jahr über frisch im Topf erhältlich. Sie passt zu vielen Gerichten, dabei ist es egal, ob die Blätter glatt oder gekräuselt sind. Auch die Petersilienwurzel wird verwendet. In ein Kräuterbeet im Garten gehört auf jeden Fall Petersilie. So sind immer die wichtigsten Küchenkräuter zur Hand. Doch die Petersilie zeichnet sich auch durch ihre heilende Wirkung aus, beispielsweise bei Magenbeschwerden. Vorbeugend angewendet versorgen die Inhaltsstoffe der Petersilie die Knochen.

Kürbisspaghetti in Kräuterbutter

Die Zutaten: 1 - 2 Butternut.

Die Zutaten für die Kräuterbutter: 4 EL Öl, 1 Stück Butter, frische Kräuter, wie beispielsweise Petersilie, Salz, Pfeffer.

Die Zubereitung für die Kürbisspaghetti: Kürbis schälen und aus dem Fruchtfleisch Spaghetti schneiden. Nudeln vier Minuten in Gemüsebrühe garen.

Die Zubereitung für die Kräuterbutter (flüssig): Butter und Kräuter zusammen dünsten.

Kräuter zum Kochen verwenden – frisch, getrocknet oder tiefgefroren.

Kräuterbutter feste Form: Weiche Butter verrühren, mit frischen Kräutern, Senf und Zitrone verfeinern. Anschließend in den Kühlschrank stellen.

Kräuterbutter passt zum Grillfest, wenn Fleisch und Fisch gegrillt werden. Wer nicht alle frischen Kräuter verbrauchen kann, der sollte die Kräuter trocknen oder einfrieren. Zum Trocknen die Kräuter zu kleinen Sträußchen binden und aufhängen. Bei dieser Methode geht ein Teil der Inhalts- und Duftstoffe verloren. Zum Einfrieren die Kräuter gut vorbereiten, dann lassen sie sich im Eiswürfelbehälter einfrieren. Die Würfel sind eine praktische Dosierhilfe. Alternativ die Kräuter auf ein Brett streuen, einfrieren und in gefrorenem Zustand in einzelne Beutel verpacken. Aus Kräutern lassen sich auch aromatische Kräuteröle herstellen oder Kräutersalz.

Möhrenspaghetti mit Bolognese

Die Zutaten: 10 Möhren, 1 kg Gehacktes vom Rind, 4 Zwiebeln, 1 Bund Suppengrün, 2 EL Tomatenmark, 1 Packung Tomaten, 5 EL Öl, 5 EL Parmesan, Zucker, Salz, Pfeffer.

Die Zubereitung: Das Suppengrün klein würfeln und im Öl dünsten. Gehacktes dazugeben und bräunen. Dann die Tomaten hineingeben und drei Minuten umrühren. Würzen. Die Möhren zum Verarbeiten vorbereiten und dann in Spaghetti schneiden. Die Möhrenspaghetti separat im Wasser garen. Hierzu schmecken frische Kräuter wie Petersilie oder Basilikum. Allerdings erst ganz zuletzt zu dem Gericht hinzufügen. Alternativ lassen sich die Möhrenspaghetti durch Zucchinispaghetti ersetzen.

Möhrenspaghetti mit Kichererbsensoße

Die Zutaten: 4 Möhren, 1 Dose Kichererbsen, 200 ml Brühe, 2 EL Tomatenmark, 1 Zwiebel, 2 EL Öl, Salz, Pfeffer, Kräuter nach Wahl.

Die Zubereitung: Möhren waschen, schälen und in Spaghetti schneiden. In Wasser fünf Minuten garen. Die Zubereitung der Kichererbsensoße: Zwiebel hacken und in Olivenöl im Topf anschwitzen. Kichererbsen, Gemüsebrühe, Tomatenmark und Kräuter dazugeben. Bei mäßiger Wärme fünf Minuten erhitzen, mit Salz und Pfeffer würzen.

Möhren- und Kohlrabispaghetti mit Erdnusssoße

Die Zutaten: 500 g Möhren, 500 g Kohlrabis, 2 Zwiebeln, 4 EL Erdnussbutter, 4 EL Öl, einen halben Liter Kokosmilch, Limettensaft, 1 TL Curry, Salz, Pfeffer.

Die Zubereitung: Möhren, Kohlrabis waschen, schälen und zu Spaghetti schneiden. Zwiebeln abziehen, zerkleinern und in Öl dünsten. Alle Zutaten für die Soße dazugeben. Das Gemüse darin garen.

Limetten sind nicht mit Zitronen zu verwechseln. Die Früchte unterscheiden sich gegenüber Zitronen durch ihre grüne Schale. Sie lassen sich das gesamte Jahr über kaufen. Der Limettensaft eignet sich dazu, um Gerichte zu würzen und zu erfrischen. Besonders asiatische Speisen profitieren durch die Zugabe vom Limettensaft. Egal, ob zu hellem Fleisch, Fisch oder Obst schmeckt ein Schuss Limettensaft. Einzelne

Tropfen lassen sich aus der Limette träufeln, wenn die Schale mit einem Stäbchen angestochen wird.

Möhren-Rettichspaghetti mit Honig-Senfsoße

Die Zutaten: 2 Möhren, 1 Rettich.

Zutaten für Honig-Senfsoße: 120 ml Senf, 120 g Honig, 4 EL saure Sahne, 1 TL Curry, Salz, Pfeffer.

Die Zubereitung: Rettich und Möhren schälen, in Spaghetti schneiden. In Öl vier Minuten dünsten.

Die Zubereitung der Honig-Senfsoße: Alle Zutaten verrühren.

Rote-Bete-Spaghetti mit Honig-Senfsoße

Die Zutaten für die Rote-Bete-Spaghetti: 1 kg Rote Bete.

Zutaten für Honig-Senfsoße: 120 ml Senf, 120 g Honig, 4 EL saure Sahne, 1 TL Curry, Salz, Pfeffer.

Die Zubereitung der Roten Bete: Die Rüben schälen, zu Spaghetti schneiden und im Wasser drei Minuten garen.

Die Zubereitung Soße: Alle Zutaten verrühren.

Rote-Bete-Spaghetti mit Paprikasoße

Die Zutaten für die Rote-Bete-Spaghetti: 1 kg Rote Bete.

Zutaten für Paprikasoße: 200 ml Wasser, 5 EL Milch, 1 Zwiebel, 1 große Paprika, 1 EL Tomatenmark, 2 EL Zitrone, 2 EL Öl, Curry, Paprika, Salz, Pfeffer.

Die Zubereitung Rote Bete: Die Rüben schälen, zu Spaghetti schneiden und im Wasser drei Minuten garen.

Die Zubereitung Soße: Zwiebel, Paprika waschen und fein würfeln und in Öl dünsten. Restliche Zutaten einrühren und verrühren. Am Ende pürieren.

In Paprika sind Vitamin C und Carotinoide enthalten. Die lieblich schmeckenden Paprikaschoten gibt es in unterschiedlichen Farben zu kaufen. Roh, gekocht und mit Käse überbacken, ist Paprika vielfältig verwendbar und als Antipasti bekannt.

Rote-Bete-Spaghetti mit Tahin

Die Zutaten: 800 g Rote Bete.

Die Zutaten Tahin: 500 g geröstete Sesamsamen, 5 EL Öl.

Die Zubereitung Rote Bete: Die Rüben schälen, zu Spaghetti schneiden und im Wasser drei Minuten garen.

Die Zubereitung Tahin: Sesam und Öl mindestens fünf Minuten pürieren.

Tahin oder Sesammus wird in der orientalischen Küche verwendet. Es enthält viele Nährstoffe und passt ideal zu den unterschiedlichsten Gemüsesorten.

Spaghetti mit Gorgonzolasoße

Die Zutaten: 1 Bund Petersilie, 3 Frühlingszwiebeln, 8 Möhren, 8 Pastinaken, 100 g Gorgonzola, 2 EL Olivenöl, Zitrone, 200 ml Gemüsebrühe, Salz, Pfeffer.

Die Zubereitung: Frühlingszwiebeln waschen, putzen, Ringe schneiden. Möhren waschen, schälen und mit einem Spiralschneidegerät Spaghetti schneiden. Pastinaken waschen, schälen und mit einem Spiralschneidegerät Spaghetti schneiden. Petersilie waschen, zerkleinern. Zwiebeln in Öl bräunen. Spaghetti in Öl garen. Brühe in die Pfanne gießen. Käse und Gewürze in die Pfanne geben.

Süßkartoffelspaghetti mit Bolognese

Die Zutaten: 800 g Süßkartoffeln.

Die Zutaten für die Bolognese: 2 Zwiebeln, 2 Knoblauchzehen, 2 Möhren, 1 Sellerie, 1 EL Öl, 500 g Hackfleisch, 300 ml passierte Tomaten, 5 EL Tomatenmark, Salz, Pfeffer, Parmesan gerieben.

Zubereitung Süßkartoffelspaghetti: Süßkartoffeln schälen und in Spaghetti schneiden. Vier Minuten im Wasser garen.

Zubereitung Bolognese: Hackfleisch, Zwiebeln, Knoblauch abziehen und würfeln. Möhren, Sellerie waschen, schälen, hacken. Alles im Öl dünsten. Mit den restlichen Zutaten auffüllen und würzen.

Pikante Süßkartoffeln

Die Zutaten: 3 Süßkartoffeln, 3 EL Öl, Salz, Pfeffer, Zitronensaft, 150 g Quark, 150 g Crème fraîche.

Die Zubereitung: Süßkartoffeln waschen, schälen und in Spaghetti schneiden. Spaghetti ölen und salzen. Die Nudeln bei mittlerer Temperatur ungefähr eine viertel Stunde im Backofen garen. Die restlichen Zutaten verrühren.

Zucchinispaghetti mit Käse-Sahnesoße

Die Zutaten: 4 Zucchini.

Die Zutaten für die Käse-Sahnesoße: 4 Scheiben gekochten Schinken, 1 Zwiebel, 1 Knoblauch, 2 EL Öl, 4 EL Sahne, 400 ml Brühe, 1 TL Senf, 100 g Parmesan gerieben, Salz, Pfeffer, einen Pfirsich nach Geschmack.

Die Zubereitung: Zucchini gut mit heißem Wasser waschen. Zucchini mit dem Gemüseschneider in Spaghetti schneiden. Vier Minuten in Wasser garen.

Die Zubereitung der Käse-Sahnesoße: Schinken in Würfel schneiden. Zwiebel und Knoblauch schälen und klein hacken, in Öl dünsten. Schinken dazugeben, mit Flüssigkeit auffüllen, Käse darin auflösen.

Zucchinispaghetti mit Tomatensoße

Die Zutaten: 4 Zucchini, 1 Zwiebel, 1 Möhre, 1 große Dose Tomaten, Parmesan, 3 EL Öl, 1 TL Oregano, 1 TL Thymian, Salz, Pfeffer nach Geschmack.

Die Zubereitung: Aus den Zucchini Spaghetti herstellen.

Die Zubereitung der Soße: Möhren und Zwiebel schälen und würfeln, dann in Öl dünsten. Tomaten zerkleinern und dazugeben. Zucchinispaghetti hinzufügen, würzen und vier Minuten garen.

Zucchinispaghetti mit würziger Tomatensoße

Die Zutaten: 4 Zucchini, 4 Tomaten, 4 Sardellen, 1 Knoblauch, 1 Zwiebel, 1 EL Kapern, jeweils 1 EL schwarze und grüne Oliven, Parmesan gerieben, 4 EL Öl, Salz, Pfeffer.

Die Zubereitung: Tomaten, Oliven, Kapern und Fisch grob hacken. Knoblauch schälen, würfeln und alles im Öl bräunen. Zucchini mit heißem Wasser waschen und zu Spaghetti schneiden. Nudeln fünf Minuten in Wasser garen.

Zucchini sind gesund, denn das Gemüse enthält neben Vitamin C auch Eisen. Wer Zucchini im eigenen Garten anbaut, der kann sie ab August ernten und mehrere Tage bis zum Verbrauch lagern. Zucchini sind in der Küche vielfältig verwendbar. Ob als Salat, Gemüsenudeln oder mit Hackfleisch gefüllt, es gibt eine Fülle an Rezepten für die Zubereitung. Mit Paprika, Tomaten und Gemüsezwiebeln lassen sich schmackhafte Eintöpfe zubereiten. Zucchini wird nicht geschält, allerdings muss sie vor der Verwendung gut gewaschen werden. Schmeckt das Gemüse bitter, dann ist die Zucchini wegzuwerfen, weil es sonst zu gesundheitlichen Problemen kommen kann.

Zucchinispaghetti mit Hähnchenbrust in Soße

Die Zutaten: 4 Zucchini, 4 Tomaten, 2 Zwiebeln, 250 g Parmesan, 800 g Hähnchenbrustfleisch, 1 kleines Stückchen Butter (20 g), 2 Becher Sahne, 1 Bund Basilikum, Salz, Pfeffer.

Die Zubereitung: Tomaten in Stückchen schneiden und dabei besonders den grünen Strunk entfernen. Zwiebeln schälen und zerkleinern. Käse reiben. Das Fleisch in größere Würfel schneiden. Aus Zucchini Spaghetti schneiden. Erst die Zwiebel in der Butter dünsten und dann das Fleisch dazugeben und in der Butter bräunen. Die Tomaten, Sahne und Käse zufügen und vermischen. Mit den Gewürzen verfeinern. Die Spaghetti darin fünf Minuten garen.

Pesto

Pesto leitet sich von pestare ab und bedeutet so viel, wie stampfen. Es kommt in vielen Variationen vor, in Italien ist jedoch das Grüne traditionell. Seine Zutaten sind Basilikum, Knoblauch und Olivenöl. Eine Alternative ist Pesto aus Tomaten. Pesto passt zu vielen Speisen und selbst gemachtes Pesto hält sich fast zwei Wochen im Kühlschrank. Es wird beispielsweise kalt über Nudeln gegeben, aber die Italiener reichern damit auch Rucola an oder Fleisch und Kartoffeln. Pesto ist einfach und schnell zubereitet, zudem lassen sich die Zutaten je nach persönlichem Geschmack verändern. So erhält jedes Gericht noch eine besondere Note.

Basilikumpesto

Zutaten: je 50 Gramm Basilikum, Parmesan, 1 Knoblauchzehe und 100 ml Öl.

Zubereitung: Knoblauch schälen und hacken, mit dem Öl und Basilikum pürieren, würzen und den Käse dazugeben.

Das Pesto kann in Portionen im Kühlschrank aufbewahrt werden. Die Gefäße sind so auszuwählen, dass sie verschließbar sind. Dort bleibt es ungefähr ein bis zwei Wochen frisch. Wer möchte, der kann das Pesto auch mit gerösteten Pinienkernen zubereiten.

Rote-Bete-Spaghetti mit Tofu und Pesto

Die Zutaten für die Rote Bete-Spaghetti mit Tofu und Pesto: 1 kg Rote Bete, 1 Orange, 100 g Tofu, 2 EL Öl, 2 Knoblauch, Zitronensaft, 150 g Basilikum, 125 ml Öl, Salz, Pfeffer.

Die Zubereitung: Rote Bete schälen, zu Spaghetti schneiden und im Wasser drei Minuten garen. Orange filetieren und Tofu in Stücke schneiden. Knoblauch schälen, Basilikum waschen und mit den restlichen Zutaten mixen. Tofustücke, Orangenspalten und Spaghetti kurz in etwas Öl erhitzen.

Orangen enthalten viel Vitamin C. Sie werden in Spanien und Brasilien angebaut und in viele Länder exportiert. Auf die Art können Orangen ganzjährig gekauft werden. Orangen passen zu Blattsalat, Fenchel und Fleisch. Sie werden zum Backen verwendet und zu Konfitüre verarbeitet. Besonders frisch gepresst schmeckt der Saft der Orangen.

Rote-Bete-Spaghetti mit Avocadopesto und Schafskäse

Die Zutaten: 4 Rote Bete, 1 Zwiebel, 2 Avocados, 200 g Schafskäse, 5 EL Öl, Zitronensaft, Salz, Pfeffer.

Die Zubereitung: Erst die Rote Bete schälen und anschließend Spaghetti herstellen. Zwiebel schälen und würfeln. Avocado, Öl, Zitrone, Salz und Pfeffer dazugeben und vermischen. Dann die Spaghetti und den Käse hinzufügen.

Zucchinispaghetti mit Basilikumpesto und Schafskäse

Die Zutaten: 4 Zucchini, Brühe oder Wasser.

Die Zutaten Basilikumpesto: je 50 Gramm Basilikum, Parmesan, 1 Knoblauch und 100 ml Öl.

Die Zubereitung Pesto: Knoblauch schälen und hacken, mit dem Öl und Basilikum pürieren, würzen und den Käse dazugeben. Das Pesto kann in Portionen im Kühlschrank aufbewahrt werden.

Die Zubereitung Zucchini: Gemüse waschen und via Gemüseschneider Spaghetti herstellen. In Wasser oder Brühe ungefähr fünf Minuten garen. Das Wasser abgießen und den zerkleinerten Schafskäse mit Pesto über die Nudeln geben.

Zucchinispaghetti mit Avocadopesto und Lachs

Die Zutaten: 10 Zucchini, 400 g Lachsfilet, 5 EL Sesamöl, Salz, Pfeffer.

Die Zutaten für das Pesto: 2 Avocados, 1 Bund Basilikum, Kerne nach Wahl, Zitronensaft, 120 g Parmesan im Stück, 100 ml Öl, Salz, Pfeffer.

Die Zubereitung Pesto: Avocados schälen und vorsichtig den Kern entfernen. Den Käse reiben. Beides mit Gewürzen, Öl und Zitronensaft pürieren. Den Fisch in mundgerechte Stücke schneiden und im Öl garen.

Die Zubereitung der Zucchini: Gemüse waschen und via Gemüseschneider Spaghetti herstellen. In Wasser ungefähr fünf Minuten garen.

Die Kerne können je nach Geschmack verwendet werden. Für das Kochen mit Zucchini eignen sich sowohl Pinienkerne als auch Cashewnüsse. Das Gericht (Pesto) schmeckt auch ohne den Zusatz der Kerne prima. Wer keinen Lachs essen möchte, der kann auch Hähnchenbrustfilet verwenden.

Asiatische Einflüsse

Asiatische Gerichte sind gesund, denn es gibt viel Gemüse, Fisch und Soja. Zudem werden durch die schonende Art der Zubereitung die Nährstoffe erhalten. Es fällt auf, dass viel Reis und Sojaprodukte verwendet werden. Gewürzt wird mit Ingwer, Fischsoße und Pasten. Wobei Ingwer für die besondere Schärfe sorgt, Zitronengras für die Frische und Reis wird mit Kurkuma verfeinert. Für die Zubereitung der Gerichte wird in Asien überwiegend der Wok eingesetzt. Aufgrund seiner besonderen Form erlaubt das Kochen mit dem Wok die unterschiedlichsten Garmethoden. Vom Braten bis hin zum Dünsten ist alles möglich.

Allerdings passt etwas aus der asiatischen Küche gar nicht zur Low Carb Ernährungsform. Es fällt auf, dass viel Reis und Nudeln verwendet werden, Frittiertes, wie zum Beispiel Frühlingsrollen und sehr süße Soßen. Zum Ausgleich gibt es Gemüse mit Sesamsoße, Lachs, Huhn oder Garnelen. Suppen sind bevorzugt ohne Nudeln auszuwählen, auch Tofugerichte sind erlaubt. Alles, was gedünstet wird, darf bestellt werden. Milch wird in der asiatischen Küche weniger verwendet, weil die Asiaten überwiegend keine Milchprodukte vertragen. Längst sind asiatische Gerichte, Suppen und Soßen keine Seltenheit mehr.

Hähnchen in asiatischem Pesto

Die Zutaten: Salz, 1 Knoblauch, 20 g Ingwer, 1 Chili, 50 g Petersilie, 50 g Koriander, 20 g Kerne, 100 ml Öl, 50 ml Sesamöl, 3 EL Limettensaft.

Die Zutaten: 600 g Hähnchenbrust, Pfeffer, 1 EL Butterschmalz, 100 ml Zitronensaft.

Die Zubereitung: Knoblauch zerdrücken, Ingwer schälen und zerkleinern, Chili würfeln. Die Kräuter vorbereiten. Kräuter, Ingwer, Chili, Kerne und Öle zu einem Püree verarbeiten, Salz und dazugeben. Das Fleisch waschen, trocknen und würzen. Im Schmalz dünsten, dann mit Zitronensaft eine viertel Stunde garen.

Asiatische Pfanne mit Pastinakenspaghetti

Die Zutaten: 12 Pastinaken, 2 Möhren, 1 Paprika, 1 Stange Porree, 1 Zwiebel, 3 EL Öl, 5 EL Sojasoße, Chili, Sesam, Salz, Pfeffer nach Geschmack.

Die Zubereitung: Pastinaken schälen und Spaghetti herstellen. Möhren und Zwiebel schälen und würfeln, dann in Öl dünsten. Spaghetti dazugeben. Paprika würfeln, mit der Sojasoße und den Gewürzen vermischen, sodann zu den Pastinaken geben.

Gurkenspaghetti asiatisch

Die Zutaten: 400 g Glasnudeln, 2 Salatgurken, 10 EL Sojasoße, Zitronensaft, Sesam und Minze.

Die Zubereitung: Glasnudeln sind gar, wenn sie durchsichtig sind. Gurke mit einem Schneidegerät in Spaghetti schneiden, mit den Glasnudeln vermengen. Minzeblätter waschen, teilen und mit restlichen Zutaten verrühren.

Glasnudeln bestehen aus Stärke und sind in ihrem Geschmack neutral. Sie werden nicht gekocht, sondern eingeweicht oder gleich in die anderen Zutaten gegeben, wie es in der asiatischen Küche üblich ist.

Durch Menthol duftet Minze frisch und schmeckt gut. Sie wird für Getränke, Salate und Fleisch benutzt. In der Hausapotheke hat sich die Heilpflanze bereits bewährt. Sie kann gut im Topf gehalten werden und ist dabei nicht besonders anspruchsvoll.

Ein Tipp ist der Quinoasalat. Seine Zutaten sind normal und gar nicht ungewöhnlich, jedoch bereichert die Zugabe von Minze den Geschmack wunderbar.

Die Zutaten: 100 g Quinoa, 200 ml Gemüsebrühe, 1 Salatgurke, 1 Paprika, 3 Tomaten, 1 Glas Oliven, 1 Zwiebel, 1 EL Petersilie, 1 TL Minze, 100 g Schafskäse, Zitronensaft, 5 EL Öl, Salz.

Möhrenspaghetti mit asiatischer Lauchsoße

Die Zutaten für Möhrenspaghetti mit asiatischer Lauchsoße: 10 Möhren.

Die Zutaten für die Lauchsoße: 4 Frühlingszwiebeln, 2 Stangen Lauch oder Porree, 6 EL Sojasoße, 200 ml Brühe, 4 EL Sesamöl, 1 TL Paprika, Salz, Pfeffer.

Die Zubereitung: Möhren waschen, schälen, mit dem Spiralschneidegerät Spaghetti schneiden und in Wasser vier Minuten garen. Frühlingszwiebeln, Lauch waschen und in Ringe schneiden. Öl erhitzen, Lauch und Zwiebeln dünsten. Mit restlichen Zutaten und Gewürzen vermengen.

Gemüsespaghetti und Fisch in Kokos

Die Zutaten: 4 Lachsfilets, 2 Möhren, 4 Süßkartoffeln, 1 kleines Stück Ingwer, 5 EL Kokosraspel, 5 EL Kokosmehl, 1 Ei, Salz, Pfeffer.

Die Zubereitung: Eine Panierstraße aufbauen. Den gewaschenen Lachs darin panieren. Fisch eine halbe Stunde im Herd garen. Süßkartoffeln schälen und in Spaghetti schneiden. Möhren schälen und in Spaghetti schneiden. Ingwer schälen. Vier Minuten im Wasser garen.

100 Gramm Kokosnuss haben 350 Kalorien, weil das Fruchtfleisch zu 30 Prozent aus Fett besteht. Das Kokoswasser enthält Kalium. Die Kokosnuss besteht aus dem Kokoswasser und dem Fruchtfleisch. Beides liegt im Inneren der Kokosnuss. Um an das Fruchtfleisch zu kommen, muss die Kokosnuss geöffnet werden. Kokosnussöl, Kokosnussfett und Kokosnussmilch werden auch in der Küche zum Backen und Kochen verwendet. Kokosraspel passen zu Fleisch und Obst.

Suppen

Blumenkohlspaghetti mit Champignonsuppe

Die Zutaten: 1 Blumenkohl, 1 Lauch, 200 g Champignons, ein halber Liter Brühe, 1 Zwiebel, 1 TL Curry, jeweils einen halben Becher saure Sahne und süße Sahne, 2 EL Öl, Salz, Pfeffer.

Die Zubereitung: Zwiebel hacken. Lauch gut waschen und in Ringe schneiden. Blumenkohl in Spaghetti schneiden. Alles im Öl drei Minuten garen. Brühe einfüllen. Champignons abbürsten und in Scheiben schneiden, mit garen. Sahne einrühren und würzen.

Bei der Verarbeitung von Zwiebeln brennen oft die Augen. Schuld daran sind die schwefelhaltigen Stoffe in der Zwiebel. Zwiebeln gibt es in unterschiedlichen Größen und Farben. Die Zwiebel hält sich lange, sodass sich ein Vorrat lohnt. Mit Zwiebeln lässt sich sowohl Fleisch als auch Gemüse verarbeiten. Als Kuchenbelag und Suppeneinlage werden Zwiebeln bevorzugt verwendet.

Möhrenspaghettisuppe

Die Zutaten: 1 Bund Suppengrün (Petersilie, Sellerie, 2 Möhren, Lauch, Zwiebel), 2 EL Öl, 1 Liter Hühnerbrühe, 500 g Hähnchenbrust, Salz, Pfeffer.

Die Zubereitung: Das Suppengrün waschen, schneiden und in Würfel hacken. Alles, außer der Petersilie fast fünf Minuten in Öl dünsten. Die Brühe zu dem Gemüse geben. Eine der Möhren in Spaghetti schneiden, die Hühnerbrust gut waschen, trocknen und in dünne Stücke schneiden. Alles zusammen noch vier Minuten in der Brühe garen. Mit den Gewürzen verfeinern.

Bei der Verarbeitung von Hähnchenfleisch ist darauf zu achten, dass sowohl das Fleisch als auch die Küchenutensilien wie das Messer und das Brett nach dem Gebrauch sofort heiß abgewaschen werden. Hier ist hygienisches Arbeiten wirklich wichtig. Nur so wird die Gefahr vermieden, dass sich Salmonellen bilden können.

Brot und Kuchen

Möhrenbrötchen

Die Zutaten: 5 Möhren, 4 Eier, 120 g Mandelmehl, 80 g Schmand, 1 TL Backpulver, Salz.

Die Zubereitung: Aus den Möhren Spaghetti herstellen. Aus den restlichen Zutaten einen Teig herstellen. Daraus vier Brötchen eine halbe Stunde bei 180 Grad backen.

Kürbiskuchen

Die Zutaten: 200 g Hokkaido, 3 Eier, 5 EL Sahne, 2 EL Butter, 50 g Kokosmehl, 3 TL Zucker und 1 TL Zimt, 1 TL Backpulver.

Die Zubereitung: Aus dem Kürbisfleisch Spaghetti schneiden. Eier, Sahne und Butter vermischen. Das mit Zucker und Zimt vermischte Mehl dazugeben, dann die Spaghetti. Den Teig in Muffinformen füllen, eine drei viertel Stunde bei mittlerer Temperatur backen.

Spiralschneider – unterschiedliche Modelle

Es gibt verschiedene Spiralschneider zu kaufen. Sie unterscheiden sich sowohl im Preis als auch in der Anwendung. Von den kleinen Geräten aus Kunststoff bis hin zu elektronisch betriebenen Geräten ist die Auswahl groß. Wer wirklich viel Gemüse isst, für den lohnt sich der Kauf eines größeren Modells. Aufgrund der unterschiedlichen Gemüsesorten muss bei den einfachen Spiralschneidern mehr Kraft angewendet werden. Praktisch sind die Geräte, die drei verschiedene Schneidewerkzeuge haben. Damit sind Spaghetti, Spiralen und Streifen herstellbar. Jedoch eignet sich weiches Obst nicht, da es die Form verliert.

Bestimmte Gemüsesorten sind ideal, um daraus Nudeln anzufertigen. Gerade Möhren benötigen eine eher lange Garzeit. Doch als Möhrenspaghetti ist das Gemüse innerhalb von fünf Minuten gar. Deshalb ist eine gesunde Ernährung gewährleistet, weil durch die einfache Zubereitung die Nährstoffe erhalten bleiben und mehr Gemüse verzehrt wird. Kinder lieben die schönen Farben und Formen besonders. Auch rohes Gemüse ist in Spiralen sehr dekorativ.

Funktion Spiralschneider

Das Schneidegerät hat unterschiedliche Klingeneinsätze, die sich sowohl für Obst als auch für Gemüse eignen. Dadurch ist das Herstellen von Spaghetti, Spiralen oder Streifen möglich. Die Gemüseformen zeichnen sich durch viele Vorteile aus. Sie sind optisch ansprechend, innerhalb weniger Minuten geschnitten und schnell gegart. Da Gemüsesorten mit dieser Zubereitungsart ihren Geschmack sowie die Nährstoffe beibehalten, ist eine gesunde Ernährung gewährleistet.

Aus Sicherheitsgründen sind die Standgeräte mit Saugnäpfen ausgestattet. Dadurch ist ein fester Stand gesichert. Die Klingen werden je nach Bedarf eingesetzt. Das Gemüse vorbereiten – dazu die Schale und die Endstücke entfernen, damit gerade Schnittflächen entstehen. Das Stück in das Gerät einspannen. Sodann den Griff drehen. Das Stück Gemüse sitzt jetzt fest, sodass Gemüsespaghetti entstehen.

Spiralschneider – elektronisch oder handbetrieben

Es gibt die unterschiedlichsten Modelle, doch eigentlich funktionieren die Geräte immer nach der gleichen Methode. Wer täglich Gemüse schneidet, ist mit einem Standgerät gut beraten. Zumal die großen Modelle fast alle Sorten Gemüse zerkleinern. Die kleinen Modelle kommen zum Einsatz, wenn das Gemüse für dekorative Zwecke verwendet wird. Dann kann das Gerät nach dem Gebrauch in der Schublade verstaut werden.

Spiralschneider – Auswirkung auf die Ernährung

In vielen Fertiggerichten sind zu viel Kohlenhydrate enthalten. Davon sind besonders Brot aus weißem Mehl und Nudeln betroffen. Aus diesem Grund vermeiden viele Menschen bewusst kohlenhydrathaltige Lebensmittel. Sie beziehen stattdessen reichlich Gemüse in den Speiseplan ein. Daraus ist die Ernährungsform Low Carb entstanden. Mit dem Spiralschneider gelingt es nun kinderleicht, die bunte Gemüsevielfalt im Alltag auf vielfältige Weise einzubauen.

Tipps

Weiche Nahrungsmittel lassen sich nicht schneiden, denn sie zerfallen oder werden gequetscht. Je besser das Gemüse vorbereitet wird, desto besser ist das Ergebnis. Dazu ist es notwendig, Obst und Gemüse in gerade Rechtecke zu schneiden, um gleichmäßige Spaghetti und Spiralen zu erhalten. Das zu schneidende Obst und Gemüse darf keine Steine enthalten. Beim Schneiden entsteht auch viel Saft, deshalb sollte immer ausreichend Küchenpapier bereitstehen. Der Spiralschneider wird nur mit heißem Wasser und einer Bürste gereinigt. Gemüsespaghetti werden nur gegart, gedämpft oder bereits mit der Soße vorbereitet.

Fazit

Der Ratgeber Low Carb kochen mit dem Spiralschneider enthält die unterschiedlichsten Rezepte und immer steht das Gemüse im Mittelpunkt. Denn der Spiralschneider verwandelt Möhren in Möhrenspaghetti, Zucchini in Zucchininudeln und Süßkartoffeln in Süßkartoffelstreifen. Auf die Art sind frische farbige Nudelgerichte möglich. Zudem eignen sich die Spiralen gut dazu, um Platten und Salate zu dekorieren.

Die Gerichte sind ideal kombinierbar und schmecken zu jeder Tageszeit. Ob als Salate, Suppen oder in Kombination mit Soßen, Gemüsenudeln sind vielfältig einsetzbar. Low Carb kochen ist einfach und gesund. Der Ratgeber enthält Tipps, wie sich die gesamte Familie im Handumdrehen Low Carb ernähren kann, ohne auf Nudeln zu verzichten. Gleichzeitig essen die Menschen viel mehr Gemüse und profitieren gesundheitlich davon. Jetzt kann sich jeder seine bevorzugten Gemüsesorten zubereiten – so oft und so viel wie möglich. Mit dem Nebeneffekt, einige Kilos abzunehmen, obwohl das Abnehmen bei Low Carb kochen mit dem Spiralschneider nicht im Vordergrund steht.

Das Ziel sind schmackhafte Gerichte, die Abwechslung auf den Küchenplan bringen und zugleich gute Laune verbreiten. Denn mit dem passenden Spiralschneider beginnt eine neue Form des Kochens. Jeden Tag schnell und frisch zu kochen ist mit dem Ratgeber und den darin enthaltenen Rezepten ohne viel Aufwand möglich. Die ganze Familie kann gut essen und satt werden. Low-Carb-Gerichte entschleunigen den Alltag und sind deshalb genau richtig, um das Essen zu genießen. Mit Freude leichte Menüs kochen ohne Reis, Kartoffeln und Nudeln ist möglich, da Low Carb ohne kohlenhydratreiche Nahrungsmittel auskommt.

Das Anwenden der Spiralschneider ist sehr einfach. Im Nu produziert das Gerät aus Gemüsestücken lange farbige Spaghetti, die gut aussehen und schmecken. Über siebzig Rezepte aus dem Ratgeber zeigen, wozu sich die Gemüsenudeln verwerten lassen. Salate, Suppen oder Gemüsekuchen, einzelne Elemente sind zudem austauschbar, sodass noch mehr Abwechslung besteht. Außerdem lassen die Rezepte eigene Gestaltungsmöglichkeiten zu. Denn die Gemüsesorten lassen sich mit dem Spiralschneider in verschiedene Stärken schneiden. Neben dem optischen Effekt hat die Nudelform auch Auswirkungen auf die Garzeit. So ist der Spiralschneider zweifelsohne ein praktischer Küchenhelfer. Nicht alle Gemüsesorten sind zu Spiralen formbar, aber das bezieht sich nur auf die weiche Konsistenz. Denn noch während des Schneidevorgangs zerfällt das Fruchtfleisch oder es wird eher gequetscht statt geschnitten.

Impressum

Low Carb Pros wird vertreten durch:

Instyle Supply and Control Limited

20th Floor, Central Tower, 28

Queen‘s Road, Central, HK

Coverbilder

[creativelog] | [Fiverr]

Haftung für externe Links

Das Buch enthält Links zu externen Webseiten Dritter, auf deren Inhalt der Autor keinen Einfluss hat. Deshalb kann für die Inhalte externer Inhalte keine Gewähr übernommen werden. Für die Inhalte der verlinkten Webseiten ist der jeweilige Anbieter oder Betreiber der Webseite verantwortlich. Die verlinkten Seiten wurden zum Zeitpunkt der Verlinkung auf mögliche Rechtsverstöße überprüft. Rechtswidrige Inhalte waren zum Zeitpunkt der Verlinkung nicht erkennbar. Eine permanente inhaltliche Kontrolle der verlinkten Webseiten ist jedoch ohne konkrete Anhaltspunkte einer Rechtsverletzung nicht zumutbar. Bei Bekanntwerden von Rechtsverletzungen werden derartige Links umgehend entfernt.

45599107R00038

Printed in Poland
by Amazon Fulfillment
Poland Sp. z o.o., Wrocław